“十二五”职业教育国家规划教材
经全国职业教育教材审定委员会审定
财政部规划中等职业学校财经商贸类教材

财会知识

赵 英 孟繁金 主 编

中国财政经济出版社

图书在版编目（CIP）数据

财会知识／赵英，孟繁金主编．—北京：中国财政经济出版社，2015.5
“十二五”职业教育国家规划教材　财政部规划中等职业学校财经商贸类教材
ISBN 978－7－5095－5827－0

Ⅰ.①财…　Ⅱ.①赵…②孟…　Ⅲ.①财务会计－中等专业学校－教材　Ⅳ.①F234.4

中国版本图书馆CIP数据核字(2014)第273666号

责任编辑：陈　冰　　　　责任校对：张　凡
封面设计：汪俊宇　　　　版式设计：董生萍

中国财政经济出版社出版

URL：http：//www.cfeph.cn
E－mail：cfeph@cfeph.cn

社址：北京市海淀区阜成路甲28号　邮政编码：100142
营销中心电话：88190406　北京财经书店电话：64033436　84041336
北京中兴印刷有限公司印刷　各地新华书店经销
787×1092毫米　16开　11.5印张　271 000字
2015年5月第1版　2019年7月北京第2次印刷
定价：27.00元
ISBN 978－7－5095－5827－0/F·4713
（图书出现印装问题，本社负责调换）
打击盗版举报热线：010－88190492、QQ：634579818

本书是“十二五”职业教育国家规划教材、财政部规划教材，经全国职业教育教材审定委员会审定，作为全国中等职业学校财经商贸类专业教材使用。

为了给中等职业学校财经类专业教师和学生提供一本实用型、权威性的教材，我们根据教学改革的编写需要，吸取会计专家、学者的建议，借鉴会计改革实践经验，编写了《财会知识》一书。本书具有下列特点：

1. 依据准则，注重实践

本书根据财政部最新颁布实施的《企业会计准则——基本准则》、《小企业会计准则》、《小企业会计准则实务操作指南》编写，贯彻素质教育精神，注重实践能力的培养和创新，强化财务会计的基本知识、基本理论和基本技能。

2. 贴近学生，风格鲜明

本书“以学生为主体，以能力为本位”，其内容点缀“案例”、“提示”、“相关链接”、“小知识”等小模块，主题突出，便于学生理解和掌握。

3. 体例科学，知识完备

教材体系安排，既保证财务会计框架的完整性，又精简了不适合中等职业学校学生实际的偏难的理论阐述。对财务会计基本知识、基本理论、基本方法的展开，尽量遵循教学规律、认知规律，循序渐进，由浅入深。

4. 总结创新，注重应用

教材从理论到方法，从内容到形式，都遵守科学性、先进性、实用性的要求，既方便老师教学，又便于学生自学。

本书可以作为中等职业学校教学用书、中职升高职考试用书，还可以作为在职财会人员的培训和自学用书。

本课程总学时 72 学时，各单元课时分配见下表（供参考）：

教学内容		学时数		
		讲授	实训	合计
第 1 单元	会计概述	4		4
第 2 单元	会计要素	6	2	8
第 3 单元	账户和复式记账	10	2	12
第 4 单元	主要经济业务的核算	18	6	24
第 5 单元	填制会计凭证	2	4	6
第 6 单元	登记账簿	2	4	6
第 7 单元	编制财务会计报告	4	2	6
第 8 单元	账务处理程序	4	2	6
合计		50	22	72

本书由赵英、孟繁金教授主编并总纂。编写分工：孟繁金编写第1单元，俞建萍编写第2、10单元，刘珍编写第3、4单元，赵英编写第5、6单元，揭伟红编写第7单元。

本书为用书学校任课老师提供了电子课件和单元练习答案。用书学校任课老师若需要，请登陆如下网址下载：http：//cjjc. cfeph. cn，或 http：//www. zgcjjy. com。

由于编者水平所限，疏漏之处在所难免，恳请读者提出宝贵意见。

编　者

2015年5月

目 录

第1单元

会计概述

单元重点：
- □ 会计的概念
- □ 会计的职能
- □ 会计对象和目标

第一节 会计的概念

会计是人类社会发展到一定历史阶段的产物。人类进行生产活动，就必须投入人力、物力、财力，就必须对生产过程中的耗费（投入的人力、物力、财力）进行记录、计算，对生产出来的社会产品和服务收入进行记录、计算，进而将投入与产出进行比较，就知道够不够本，合算不合算，是否增加了积累。会计产生的根本原因就源自经济核算的要求。

一、会计的基本概念

会计是以货币作为主要计量单位，采取一定的程序和专门方法，对企业、行政事业单位的经济交易或事项进行连续、系统、综合地核算和监督，并在此基础上对经济活动进行分析预测和控制，借以提高经济效益的管理活动。

相关链接：

美国会计学会对会计的定义是：会计是确认、计量和报告经济信息的一种程序，其目的是为了协助信息使用者作出明智的判断和决策。

现代会计分为财务会计和管理会计：

财务会计——为企业外部信息使用者提供会计信息。

管理会计——为企业管理当局提供会计分析预测和决策资料，以便加强企业管理。

二、会计的特征

（一）会计以货币作为主要计量单位

会计核算首先是对经济交易或事项进行确认和计量，必然要采用一定的量度。所谓量度就是计量单位，即计量事务标准量采用的单位。经济核算中通常使用的量度有三种：

1. **劳动量度**。劳动量度以时间为单位，如工时、工作日等。
2. **实物量度**。实物量度以财产物资的实物数量为单位，如吨、米、台等。
3. **货币量度**。货币量度以价值量为单位，如美元、人民币、欧元等。

经济活动中的交易或事项，只有采取价值的形式才便于确认、计量和报告。而且货币本身具有价值，可以代表财富贮存，可以作为支付手段，还可以作为商品交换媒介。所以，以货币作为主要的、统一的计量单位就成为会计的突出特点。

需要指出的是，会计以货币作为主要计量单位但并不是唯一的计量单位。在实际工作中，会计核算还需要使用实物量度和劳动量度，不过它们只是货币计量的辅助计量单位。

（二）会计以合法的原始凭证为依据

每项交易或事项发生，都会取得一张或几张原始单据（凭证），以证明这项交易发生。原始凭证是经济业务的原始记录，是获得真实、可靠经济信息的基础。在原始凭证上有当事人或单位的签章，是记账的依据，具有法律效力。

无论手工记账还是电算化操作，都必须以合乎法律规定的原始凭证（如购物时取得的“发货票”，出差时购买的“火车票”、“飞机票”等）作为记账依据。

（三）会计核算具有连续性、系统性、综合性

连续性表现在会计对发生的每一项交易或事项，都按其发生的时间顺序不间断地进行记录。

系统性表现在会计对各项交易或事项既要相互联系地记录，又必须进行科学的分类，分门别类地进行确认、计量、记录和报告。

综合性表现在采取货币的形式，对已经连续、系统记录的交易或事项进行最后确认和汇总，以提供总括的经济信息，进行全面、系统、综合的反映。

（四）会计具有一整套比较科学、完整的方法体系

会计从产生发展到现在，形成了一套比较科学、完整的方法体系，囊括了记账、算账、报账的全过程。通过这些方法不仅能够全面反映交易或事项的全过程和结果，而且能够连续、系统、综合地核算和监督经济活动，实现会计管理的目标。

三、会计的目标

会计的目标是：及时提供准确可靠的经济信息，满足有关方面了解财务状况和经营成果的需要；满足经营管理，提高经济效益，维护资本市场健康运行的需要。

会计信息的需求者主要可分为投资者、债权人、国家宏观管理部门和企业管理当局等。

1. **投资者**。办企业必须拥有一定的资金，资金的投入人即为投资者。在股份制企业里投资者就是股东。投资者需要通过会计信息了解评价企业经济效益和发展趋势，以便作出继续投资还是放弃投资的决定。

2. **债权人**。企业经营资金不足，可以从银行或其他金融机构借款，这样银行与企业就

形成了债务关系。资金如果是银行的，银行就是债权人。银行贷款给企业，就需要了解企业的偿债能力，以防止贷款呆滞（银行叫“不良资产”）的发生。

3. **宏观经济管理部门**。包括财政、税务、审计、证券监管、统计等部门，这些部门需要了解企事业财务状况，以便进行宏观调控和决策。

- 财政部门通过会计信息了解经济发展是否平衡，以便做好资金分配，合理配置资源；
- 税务部门通过会计信息了解企业盈亏情况，税金是否及时足额缴纳；
- 证券监管部门通过会计信息了解企业受托责任的履行情况、会计信息是否真实可靠、有无误导消费者和侵害中小股东利益情况，以便加强监管；
- 统计部门需要通过会计信息，汇总计算各项经济指标，为中央、地方政府了解经济发展情况，进行科学规划和宏观决策服务。

4. **企业管理当局**。企业管理当局，主要是指公司董事会、监事会、总经理以及公司计划、财务、市场营销、生产技术等部门。他们通过会计资料分析财务状况和经营成果，考核生产经营过程，预测经济前景，控制生产经营活动，改善经营管理，科学决策，提高经济效益。为此要求会计信息全面、准确、及时、可靠。这些都是会计应该达到的目标。

第二节　会计的职能

会计职能：会计在经济管理活动中所具有的功能。
会计基本职能：会计核算和会计监督。
会计基本职能的扩展和延伸：会计参与预测决策职能。

一、会计核算职能

会计核算职能又称“会计反映职能”，是会计以货币为主要计量单位，对经济活动中的交易或事项进行确认、计量、记录和报告的功能。

会计核算职能表现在：首先，判断交易或事项是否属于会计核算对象，对会计对象按照一定的原则进行确认；其次，采取专门的方法对会计对象进行分类，对交易或事项进行记录、计量；最后，形成专门的会计信息报告给会计信息使用者。

为了充分发挥会计核算职能，必须将实际发生的经济交易或事项全部纳入会计核算范围，如实反映资金运动的全过程和结果。

二、会计监督职能

会计监督职能，是指会计在进行会计核算的同时，对单位经济活动的合法性、合理性进行规范和控制，维护国家和企业单位的财产安全完整，维护资本市场的健康运行。

- 合法性规范和控制，是在会计核算过程中进行的。比如对交易或事项按照会计准则进行确认、计量、记录，审核会计确认、计量、报告是否符合准则、遵守法规、有无违纪行为等；通过财产清查监督财产物资的安全完整，监督资金合理使用，监督税金是否按时足额缴纳等。

• 合理性规范和控制，是检查财务收支活动是否有利于提高经济效益和制止铺张浪费，是否符合规范的资金渠道。通过会计资料的检查分析和评价，检查预算、财务计划执行；通过对资金、成本、利润各项指标的考核，控制消耗和成本费用，促进企事业单位合理有效地使用资金。

《会计法》确立了会计单位内部监督、社会监督、政府审计监督三位一体的监督体系，为会计监督的内涵、外延及其实现方式确立了可靠的法律依据。

三、会计参与预测决策职能

预测决策是指导未来发展的经济行为。会计信息的搜集整理是预测决策的前提，预测决策的过程也就是会计信息的搜集、整理、比较分析的过程。对经济活动的未来作出科学预测和决策，必须对过去和现在的会计信息进行搜集、整理、加工、分析。会计提供信息的可靠与否是影响决策成败的重要因素。

参与预测决策是会计基本职能的扩展，参与预测决策能使会计的作用得以充分发挥。

第三节　会计对象和会计核算内容

一、会计对象概念

会计对象是指会计核算和监督的内容，**亦即社会再生产过程中的资金运动。**

我们知道，生产经营活动充满各种各样的经济业务，而经济业务表现为大量的交易或事项，每项交易或事项都是一种商品交换和转移。

> **小知识**
>
> 会计将发生在各单位之间的价值转移或单位内各部门之间的资源转移，统称为“交易或事项”。

在商品经济条件下，社会产品是使用价值和价值的统一体，商品交换的同时也是价值转移（运动），比如销售商品、银行借款、购买材料、领用物资等，都是一种价值的转移。我们把**社会再生产过程中财产物资的货币表现统称为“资金”，把再生产过程中财产物资的价值转移称为“资金运动”。**

社会再生产分为生产、交换、分配、消费四个环节。

• 生产是人们利用机器设备（劳动手段）加工劳动对象创造物质产品的过程；

• 交换是通过市场销售产品，满足社会和人民生活需要的过程；

• 分配是对生产过程中创造出来的价值在国家、集体、个人之间进行分配；

• 消费是再生产过程中发生人力、物力、财力的耗费。

资金运动贯穿于社会再生产过程的各个环节。**会计核算和监督的对象就是社会再生产过程中的资金运动**。换句话说，凡是能用货币计量和表现的交易或事项都是会计的对象。反之，则不属于会计对象。比如企业签订经济合同、财务计划、企业任免干部等都不属于会计对象。

想一想：

企业签订“劳动合同”能否用货币计量？这是会计对象吗？

企业、事业单位在社会再生产过程中的地位不同，担负的任务不同，其资金运动的方式也不尽相同。因此，会计对象的具体内容也不尽相同。下面重点讲企业单位会计对象。

二、企业单位的会计对象

企业是从事生产经营活动、实行独立核算、自负盈亏的经济组织。企业分为工业企业、商品流通企业、农业企业、交通运输企业、施工企业、房地产开发企业、旅游企业、饮食服务和金融保险企业等。

工业企业和商品流通企业的经营活动具有代表性。

企业为了从事生产经营活动，必须拥有一定数量的资金，用于建造厂房、购买机器设备、购买材料、支付工资和其他费用。有了这些条件企业就可以开始运营了。

> **小知识**
>
> 办企业必需要有“本钱”，这些本钱就是“资本金”，它是投资者为开办企业（公司）投入的资本，在工商部门登记时称为“注册资本”。

（一）工业企业的资金运动

工业企业的生产经营活动，可以分为供应过程、生产过程和销售过程。

1. **供应过程**是采购原材料的过程，企业以现金和银行存款购进材料，为生产做准备。这时，以货币资金形态存在的“现金”和“银行存款”，就转化成了“库存材料”形态，库存材料占用的资金称为“储备资金”。

2. **生产过程**是工人利用机器设备制造产品的过程。在生产过程中，企业将储备的原材料投入到生产中去加工，使之变成在产品，再继续加工为产成品，就可以对外销售了。在生产过程中，不仅消耗了材料，磨损了机器设备，还必须支付人员工资（活劳动消耗），这些消耗都应以价值的形式计入到生产中去，也就是计入到产品成本，构成生产成本的一部分。在产品占用的资金称为“生产资金”，在产品进一步加工为产成品，生产资金就转化成了“成品资金”。

3. **销售过程**是企业销售产品收回货币资金的过程。在销售过程中，企业将生产出来的产成品通过市场交换销售出去，收回货币，这时“成品资金”又转化成了“货币资金”。

为了继续进行生产经营活动，企业必须将销售收回的货币资金中的一部分留下以购买材料、支付工资、更新和修复机器设备，也就是用于补偿生产耗费；货币资金的另一部分用于偿还债务、缴纳税金、股东（所有者）分红等。

工业企业的资金随着生产经营活动的进行，经过供应过程、生产过程和销售过程，其形态由货币资金开始，依此转化为储备资金、生产资金、成品资金，最后又转化为货币资金形态。资金的这种周而复始的运动称为“资金周转”。

资金运动包括特定单位的资金投入、资金周转、资金退出企业的全过程。

工业企业的资金运动（周转）如图1－1所示。

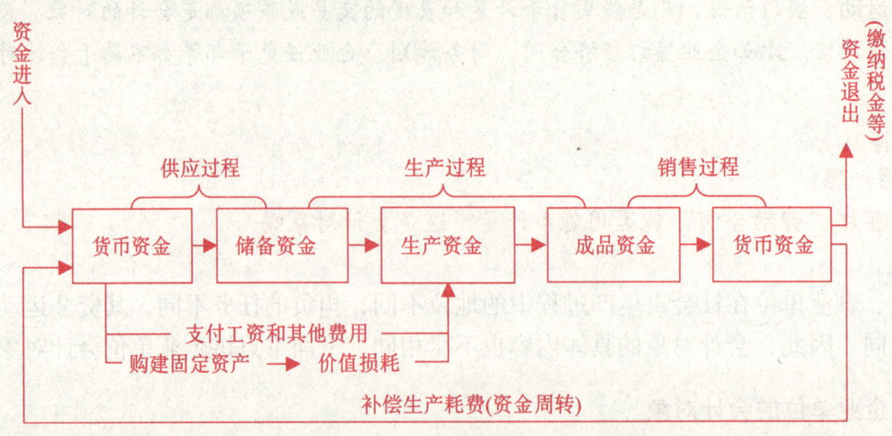

图1－1 工业企业的资金运动

（二）商品流通企业的资金运动

商品流通企业的主要经济业务是组织商品流通，把产品买进来，再通过批发、零售环节销售出去，满足社会和人民生活需要。

商品流通企业的主要交易事项，是购进商品、支付采购价款、采购费用和销售商品、收回货款等。

商品流通企业的资金，随着购销活动的进行，经过供应过程、销售过程，其形态从货币资金开始，经过商品资金然后又回到货币资金形态，周而复始地运动。

商品售价与其进价之间的价格差异，称为商业企业的“销售毛利”（或亏损）。企业实现了毛利，同样需要归还欠款、支付工资、缴纳税金和进行利润分配。

如果资金周转不足，还需要从银行等处取得贷款，或引进外来投资。

商品流通企业除了不存在生产环节之外，其他经营活动都与工业企业类同。商品流通企业的资金运动（周转）如图1－2所示。

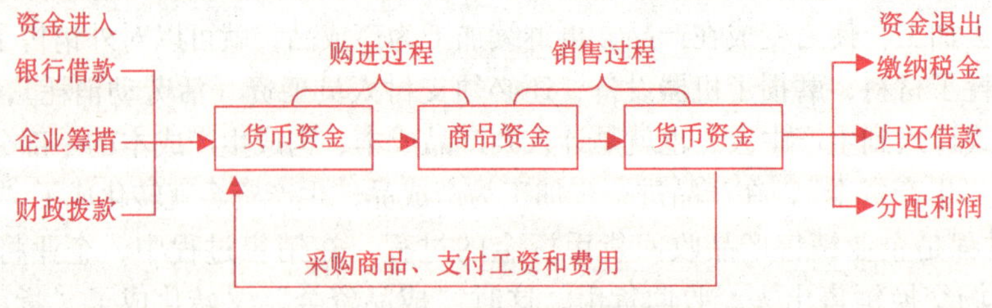

图1－2 商品流通企业的资金运动

三、会计核算的具体内容

我们已经知道了会计核算的对象是资金运动，而资金运动在企事业单位经营活动中，表现为大量的经济交易或事项，这些交易或事项就是会计核算的内容。

我国《小企业会计准则》要求各单位对发生的下列事项，应及时办理会计手续，进行会计核算：

(1) 款项和有价证券的收付;
(2) 财物的收发、增减和使用;
(3) 债权、债务的发生和结算;
(4) 资本、基金的增减;
(5) 收入、支出、费用、成本的计算;
(6) 财务成果的计算和处理;
(7) 其他需要办理会计手续、进行会计核算的事项。

第四节 会计核算的前提、基础和方法

一、会计核算前提

会计核算的基本前提有四项：**会计主体、持续经营、会计分期、货币计量。**

会计核算的前提，是对会计核算主体、时间、空间环境等所作出的合理设定（假设）。

社会再生产活动相互联系、相互依存，不同单位的经济活动又千差万别、复杂多变，会计只有事先设定（假设）会计主体、持续经营、会计期间、货币计量，才能连续、系统、综合地将一个单位、一定时期的经济活动及其结果全面记录反映出来。

（一）会计主体

会计主体是指会计工作为之服务的特定单位或组织，是会计确认、计量和报告会计信息的空间范围。

一般说来，会计主体是指一个单位，如一个企业、一个机关、一个学校、一个医院、一个社会团体等。会计只对其主体本身发生的交易或事项进行核算和监督，不能超越范围核算和监督其他主体的经济业务。

会计主体的设定界定了会计核算的空间范围，必须实行独立核算，所以一般也是法律主体（法人单位）。但会计主体与法律主体是两个不同的概念。**法律主体**是指在政府部门登记注册、有独立资产且能承担民事责任的法律主体；**会计主体**只是规定会计核算那个空间范围内的经济业务（为谁记账）。法律主体一定是会计主体，但会计主体不一定都是法律主体。例如，如果企业母公司是法律主体（法人单位），母公司、分公司都进行独立核算，都是会计主体，但分公司不是法律主体（法人单位），对外可不承担民事法律责任。

（二）持续经营

企业确认、计量和报告还要以持续经营为前提。

持续经营是假设会计主体的经营活动在可以预见的未来能够连续不断地进行下去，不会宣布破产停业清算等。这一假设为解决会计核算中的财产计价和费用分配的确认等提供了理论依据。例如：企业流动资产与非流动资产的划分、固定资产折旧年限的确定和折旧方法的选择等，都是基于持续经营假设。

实际上企业处在激烈的市场竞争中，一旦经营不善，随时都有可能终止经营、破产清算。但企业何时会终止经营、破产清算是一个不确定因素，企业不能因为这一不确定因素而影响正常的会计核算。因此，持续经营并不意味着企业会永久存在，而是指企业在其能够独立存在的足够长的时间内，经营活动正常进行会计处理。持续经营实际上是对会计主体在核算时间上所做出一种假设。

（三）会计分期

企业应当划分会计期间，分期结算账目和编制财务会计报告。会计分期是指把连续不断的生产经营过程，人为地划分为若干个相等的时间段落，分期结算账目和编制财务会计报告，并提供会计信息。

会计期间的设定是持续经营假设的必然结果。在企业单位持续经营过程中，投资者、管理者、债权人、政府部门和社会公众等，都需要随时了解企业经营活动会计信息，绝不可能等到企业关、停、并、转之后再提供会计资料。因此，会计核算要求在设定持续经营前提下必须设定会计期间。

会计分期为会计核算确定了固定的时间范围，会计期间是以一整年作为一个会计期间（会计年度），短于一个“会计年度”的分期有半年度、季度和月度。半年度、季度和月度称为会计中期。

我国对会计期间是按照公历起讫日期确定的，即从某年 1 月 1 日起到 12 月 31 日止为一个会计年度。

有了会计分期的设定，才使得会计信息在当期与前期、前期与后期（计划）进行比较成为可能，才使得对不同会计主体持续经营的核算成为可能。

（四）货币计量

货币计量是对会计核算对象统一采用货币作为计量单位的设定。所以确立货币作为计量单位，是由货币本身的属性所决定的，其他计量单位都不便于将不同会计主体之间的经济信息在量上进行比较。以货币作为统一的计量单位，还可以更全面、更系统、更综合地反映会计主体不同时期的经营成果。

货币计量是确定会计核算的内容，也就是说，会计核算的对象都必须是能用货币计量，凡是不能用货币计量的交易或事项，都不能作为会计核算的对象。

我国会计核算以人民币作为记账本位币。业务收支以外币为主的单位，可以选用某种外币作为记账本位币，但向国内编制财务报告必须折算为人民币。

以上会计核算的四项基本前提（或称假设），相互依存、相互补充。**会计主体为会计核算确立空间范围，持续经营和会计分期为会计核算确定时间范围，货币计量是为会计提供必要的核算手段。**

二、会计核算基础

企业会计应当以权责发生制为基础进行确认、计量和报告。

权责发生制又称“应收应付制”，是合理确认收入和费用归属期的一项制度。

权责发生制涵盖了以下内涵：

1. 凡是不属于本会计期间的收入，即不是在本期取得收取款项的权利，即使在本期收到款项，也不作为本期的收入；

2. 凡是属于本会计期间的收入，即在本期取得收取款项的权利，不论款项是否收到，均作为本期的收入；

3. 凡是不属于本会计期间的费用，即不应当由本期承担的费用，即使款项已在本期支付，也应作为本期的费用；

4. 凡是属于本会计期间的费用，即应当由本期承担的费用，即使款项未在本期支付，也应作为本期的费用；

由此可见，权责发生制是以权责关系的实际确立作为计入本期收入和费用标准的。

权责发生制与收付实现制是相对应的，在收付实现制下，收入和费用的确认是以实际收到或支付款项为依据的。目前，我国的行政单位一般采用收付实现制，事业单位的会计核算一般也采用收付实现制，但其经营性收支业务核算可采用权责发生制。

三、会计核算方法

（一）设置会计科目和账户

设置会计科目和账户是对会计对象的具体内容进行归类核算和监督的一种专门方法。

会计对象的内容是复杂多变的，为了对千变万化的交易、事项进行全面、系统、综合的核算和监督，必须对会计对象进行科学分类，对涉及的每项资金标注名称。也就是说，要将会计核算的内容划分为若干个项目，为每个项目确定一个户头（科目），并为每个科目开设具有固定格式和结构的账户，通过账户分门别类地登记交易或事项，以便为经济管理提供各种不同需要的经济指标。

提示：设置会计科目和账户，就如同公安部门管理户籍，必须为每个家庭开设户头，标注家庭住址、门牌号码，登记户主姓名、家庭人口等。

（二）复式记账

复式记账就是对每项交易或事项，以相等的金额同时在两个或两个以上相互联系的账户中进行登记，借以完整地反映每一项经济业务的一种专门方法。

经济活动中，每项交易或事项都会引起资金形态的两个方面变化，比如用现金购买材料，一方面引起材料增加，一方面引起现金减少，这两种形态的变化都必须在账户中进行登记。

对每项交易或事项只有在两个或两个以上相互联系的账户中进行登记，才能完整地反映该项资金的来龙去脉，才能把经营活动连续、系统地记录下来。

（三）填制和审核会计凭证

对交易、事项可以通过设置会计科目进行确认，通过复式记账进行登记，但记录到哪里去呢？或者说将交易或事项登记在什么载体上？这就需要填制和审核会计凭证的方法。

填制和审核会计凭证，是将发生或已经完成的交易、事项进行确认、计量、记录到具有一定格式的凭证上，并由经办人签章。填好的会计凭证在记账之前还需要经专人审核，并按其应记录的账户编制会计分录，按会计分录登记入账。

填制和审核会计凭证，可以对企事业单位经济活动进行经常的有效监督。

（四）登记账簿

登记账簿，就是将会计凭证上的记录按照复式记账的规则逐一登记到具有一定格式和结构的账簿上。

填制和审核会计凭证，只是取得了一个合法的记账依据，还不能系统地提供各种不同的会计信息。会计凭证是大量的、分散的，只有将交易或事项分门别类地登记到账簿中，才能提供比较系统的、综合的会计信息。

账簿是账户的载体，是记录和存储会计信息的数据库，是编制会计报表的依据。

（五）成本计算

成本计算是对生产经营活动中发生的费用按照成本计算对象进行归集和分配，从而计算产品（工程）单位成本和总成本的一种专门方法。

按照经济管理的要求，凡是实行独立核算的企业都必须进行成本核算。工业企业需要计算产品的生产成本，商品流通企业需要计算商品的进价成本和售价成本，建筑安装企业需要计算工程成本等。

通过成本计算才能了解生产耗费。对投入与产出进行比较，才能考核生产经营活动的经济效益。

通过成本计算，还可以检查资金使用效果，促使企业单位增收节支，加强经济核算。

成本计算也是进行成本预测决策、编制成本计划和费用预算的基础。

（六）财产清查

财产清查就是通过盘点实物、核对账目，清查各项财产物资、负债和所有者权益，保证账实相符的一种专门方法。

通过财产清查，一方面可以加强会计记录的真实性、正确性，保证账实相符，另一方面，可以查明资产的来源情况，债权、债务清偿情况，以及各项资产运用和存货情况。

通过财产清查可以进一步明确经济责任，加强经济管理。

（七）编制财务会计报告

编制财务会计报告，就是将一定时期企、事业单位财务状况和经营成果，总括地反映在具有一定格式的表格之中，并按照程序和规定时间报批的一种专门方法。

会计报表提供的数字比账簿更概括、更集中、更系统、更具有使用价值。它便于会计信息使用者全面了解单位的经营活动情况和赢利能力；便于为有关部门提供管理信息，为投资者、债权人提供决策依据。

编制财务会计报告能使会计职能得到进一步发挥。

会计核算方法体系如图 1－3 所示。

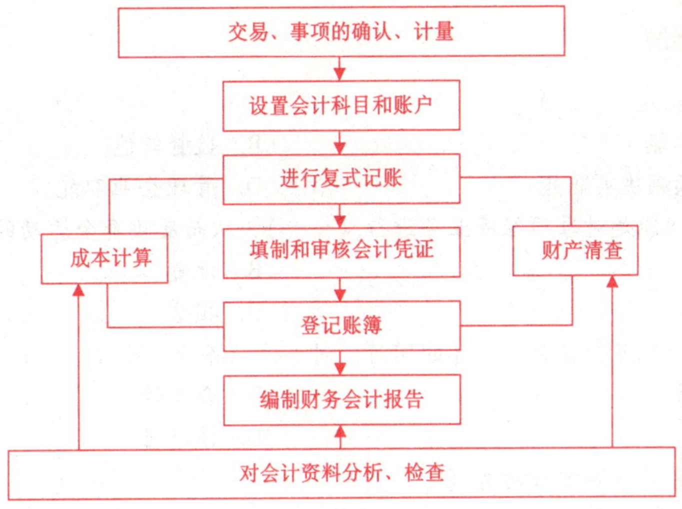

图1－3 会计核算方法体系

知识检测

一、单项选择题

1. 会计以（ ）作为主要计量单位。

A. 劳动强度　B. 实物量度

C. 货币量度　D. 其他量度

2. 会计的基本职能是（ ）。

A. 核算与监督　B. 分析与考核

C. 管理与决策　D. 预测和控制

3. 确定会计核算空间范围的前提条件是（ ）。

A. 会计主体　B. 持续经营

C. 会计分期　D. 货币计量

4. 下列关于会计对象的表述正确的是（ ）。

A. 会计对象是企业日常经营管理中所有的活动

B. 会计对象是社会再生产过程中的资金运动

C. 会计对象是对企业的财产物资进行记录计量

D. 会计对象是财物交换转移过程中发生的价值运动

5. 下列不属于会计核算具体内容的是（ ）。

A. 财物收发和使用　B. 资本的增减

C. 签订的合同　D. 债权债务的结算

二、多项选择题

1. 会计的职能是（　　）。

A. 核算职能　　B. 监督职能

C. 参与预测决策职能　　D. 管理企业职能

2. 会计核算职能是对每项经济业务进行（　　），从而反映资金运动的过程和结果。

A. 确认　　B. 计量

C. 记录　　D. 报告

3. 会计监督职能是指在会计核算的同时，对单位经济活动的（　　）进行审查。

A. 客观性　　B. 合法性

C. 合理性　　D. 清晰性

4. 以下属于会计核算方法的有（　　）。

A. 交易或事项的确认　　B. 成本计算

C. 复式记账　　D. 填置和审核会计凭证

5. 下列交易或事项中不属于会计核算范围的有（　　）。

A. 公司董事会选拔董事会秘书，享受企业高管待遇

B. 与分公司签订承包合同，合同金额 7 800 元

C. 企业出卖废旧物资，收入 300 元

D. 生产车间领用钢材一吨，价值 500 元

第2单元
会计要素

单元重点：□ 六大会计要素的概念、特征和分类
□ 会计等式的不同表现形式
□ 会计交易、事项引起的资产和权益变化的四种类型

第一节 会计要素及其计量

一、什么是会计要素

凡是能够引起资金变化的交易事项，都是会计核算的对象。企业交易事项纷繁复杂，十分庞大。要对会计对象进行全面、系统的核算和监督，就必须对会计对象进行分类，即将会计对象划分为若干相互联系又相互独立的项目，通过对这些项目的确认记录和计量，反映经营活动的全过程，这就形成了会计要素。

会计要素是对会计对象按其经济特征归类的项目，是对会计对象的基本分类。它是会计核算对象的具体化，是设置账户的基本依据，是构成会计报表的基本因素。会计工作就是围绕着会计要素的确认、计量、记录和报告展开的。

依据《企业会计准则——基本准则》，企业的会计对象共分为六大会计要素，即：**资产、负债、所有者权益、收入、费用和利润**六项。

二、会计要素的内容

（一）资产

1. **资产的定义。**一个企业，如果进行生产经营活动，必须占有一定的财产物资。这些

财产物资在存在形式上表现多种多样，例如存放在企业保险柜中的库存现金、存入在企业开户银行的存款、各种材料、厂房、建筑物、机器设备等。这些都是企业的资产。那么，究竟什么是资产呢？

资产是指由企业过去的交易或者事项形成的、由企业拥有或者控制的、预期会给企业带来经济利益的资源。

2. **资产的确认**。确认为资产需要具备以下特征：

第一，资产是由过去的交易、事项形成的。企业过去的交易或者事项包括购买、生产、建造行为或其他交易或者事项。换言之，只有过去的交易或事项才能产生资产。例如，企业"过去"购买了一台机床，该机床即形成了企业"现在"的资产。

与之相对应的，未来发生的交易或事项不能形成企业的资产。例如：企业预计在两年后建造一栋现代化厂房，则该厂房因其相关的交易、事项尚未发生，不能形成企业目前的资产。

第二，资产必须是由企业拥有或者控制的资源。资产的所有权归属是判断企业是否拥有资产的重要标准。当然，在一些特殊情况下，企业对某项资产从形式上看虽然没有所有权，但是从实质上看，企业能够完全控制该项资产，可以支配使用、享受该资产的利益，承担该资产的风险，这种情况下也应当将其确认为本企业资产。例如，融资租入的固定资产。

第三，资产预期会给企业带来经济利益。也就是说资产应具有直接或者间接导致经济利益流入企业的潜力，否则不能确认为资产。例如：一条在技术上已经被淘汰的生产线，尽管实物形态上仍然存在，但实际上它不能再用于产品生产，不能为企业带来经济利益。这样的生产线，就不应该再确认为企业的资产。

经济利益可以理解为直接或间接流入企业的"钱"，包括现金或者现金等价物形式。如企业拥有商品这项资产，企业可以通过销售商品而收到"钱"，则可以认为商品"这项资产预期会给企业带来经济利益"。如该商品已严重毁损，根本没有任何价值，则可以认为"这项资产不会给企业带来经济利益"。

相关链接：

《企业会计准则》规定，资产的确认除了符合资产的定义，还应同时满足以下两个条件：

（1）与该资源有关的经济利益很可能流入企业；

（2）该资源的成本或者价值能够可靠地计量。

3. **资产的分类**。资产按照流动性分为流动资产和非流动资产。

提示：流动性是指资产变为现金的难易程度或资产被耗用的难易程度。越容易变为现金，或者越容易被耗用，这项资产的流动性越强。

（1）流动资产。**流动资产是指可以在一年或者超过一年的一个正常营业周期内变现、出售或者耗用，或者主要为交易目的而持有的资产**。主要包括库存现金、银行存款、应收及预付款项、存货等。

①库存现金是指存放在企业内部保险柜由出纳人员保管的现钞，包括人民币和各种外币。库存现金是企业流动性最强的资产。

②银行存款是指企业存放在银行或其他金融机构的各种款项。

③应收及预付款项是指企业在日常生产经营过程中发生的各种债权，包括应收账款、其他应收款和预付账款等。应收及预付款项是企业收取款项的权利！

④存货是指企业在日常活动中为生产或出售而储存的各种材料、在产品、产成品等，它们一般可以在一年内耗用或售出。包括各类原材料、在产品、半成品、产成品等。

（2）非流动资产。**非流动资产是指流动资产以外的资产。**主要包括长期股权投资、固定资产、无形资产、长期待摊费用等。

①长期股权投资是指各种股权性质的投资。

②固定资产是指为生产商品、提供劳务、出租或经营管理而持有的，使用寿命超过一个会计年度的有形资产，如房屋、建筑物、机器设备、运输工具等。

【固定资产】

□ 固定资产的实物形态一般保持不变，可以理解为“看得见、摸得着、形态不变”，如房屋、设备等。

□ 固定资产的价值较高，使用期限较长。可以理解为资产中的“大件”！

□ 企业持有固定资产的目的是为了使用，而不是为了出售。

③无形资产是指企业拥有或者控制的没有实物形态的可辨认非货币性资产。包括专利权、非专利技术、商标权、著作权、土地使用权等。

【无形资产】

□ 无形资产顾名思义，没有实物形态，可以理解为“看不见、摸不着、没形态”。

□ 企业持有无形资产的目的是为了使用，而不是为了出售。

④长期待摊费用是指企业已经发生，但应当由本期和以后各期负担的摊销期在一年以上的各项费用。例如，企业以经营租赁方式租入的固定资产发生的改良支出等。

资产构成如图2－1所示。

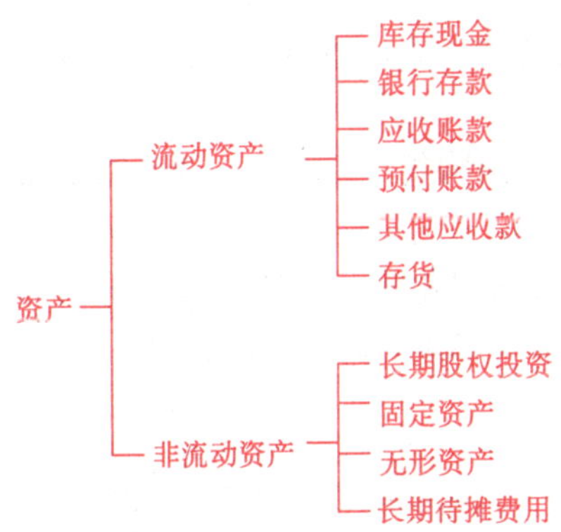

图2－1　资产的构成

（二）负债

1. **负债的定义。负债是指由企业过去的交易或者事项形成的、预期会导致经济利益流出企业的现时义务。**对企业而言，负债就是“欠账”。“欠账”的表现形式多种多样，比如企业从银行取得了借款，尚未归还，表现为“欠钱”；企业因出售商品先收了一笔钱，尚未交付商品，表现为“欠货”等。

从时间上看，负债产生于“过去”的交易或事项，形成了企业“现时”的债务，将于“未来”予以偿还。即过去——曾有所得，现在——当有承担，将来——必有付出。

2. **负债的确认。**确认为负债需要具备以下特征：

第一，**负债是由企业过去的交易或事项而形成的。**即导致企业承担负债的交易或事项已经发生，未来将要发生的交易或事项、未来计划签订的合同等不会形成企业的负债。

第二，**负债是企业承担的现时义务，**即由负债导致的义务是企业在现时条件下必须要承担的，是不可回避的。

第三，**负债的清偿预期会导致经济利益流出企业**。俗语说："欠债还钱，天经地义"。企业作为独立核算的会计主体，对其负担的债务有按期清偿的义务。企业在未来履行偿债义务时，可以有多种方式，如"以钱偿债"——直接用现金偿还；"以物偿债"——在双方协商一致的情况下用商品、材料、设备等抵债；"以劳务偿债"等。无论采取哪些方式清偿债务，其结果都会导致经济利益流出企业。

例如：星海公司于上月从银行借入20 000元期限为3年的借款。

分析：

(1) 这项交易于上月发生，即是"由过去的交易或事项形成的"；

(2) 目前，星海公司欠银行20 000元。此为"现在企业所承担的义务"，即负债20 000元。

(3) 3年后，债务到期时，星海公司必须连本带利偿还银行借款，经济利益必将流出企业，此为"负债的清偿预期会导致经济利益流出企业"。

相关链接：

《企业会计准则》规定，负债的确认除了符合负债的定义，还应同时满足以下两个条件：

1. 与该义务有关的经济利益很可能流出企业。
2. 未来流出的经济利益的金额能够可靠地计量。

3. **负债的分类**。负债按照流动性分为流动负债和非流动负债。

(1) 流动负债。**流动负债是指将在1年或者超过1年的一个正常营业周期内清偿的债务**。主要包括短期借款、应付账款、预收账款、应付职工薪酬、应交税费、其他应付款等。

①短期借款，是指企业向银行或者其他金融机构借入的、偿还期在1年以内（含1年）的各种借款。"短期借款"是企业从银行借款未还，欠银行的债务！

②应付账款，是指企业因购买材料、商品或者接受劳务等而发生的债务。"应付账款"是企业购买货物未付款，欠卖方的债务！

③预收账款，是买卖双方根据协议的规定，由销货方预先向购货方收取的一部分货款而产生的一种负债。"预收账款"是企业销售货物先收了款项，还未发货，欠买方的货物！

④应付职工薪酬，是指企业根据有关规定应付给职工的各种薪酬，包括工资、职工福利、社会保险费、职工教育经费等。"应付职工薪酬"是企业欠职工的薪金报酬！

⑤应付利润，是企业应付给投资者的利润。

⑥应交税费，是指企业按照税法规定计算应缴纳的各种税费所形成的一种负债，包括应交税金、应交教育费附加等。"应交税费"是企业欠国家的税金、费用！

⑦应付利息，是企业按照合同约定应支付的各种利息。

⑧其他应付款，是指不包括以上各项之外的企业暂收或应付款。

(2) 非流动负债。**非流动负债是指流动负债以外的负债**。主要包括长期借款、长期应付款等。

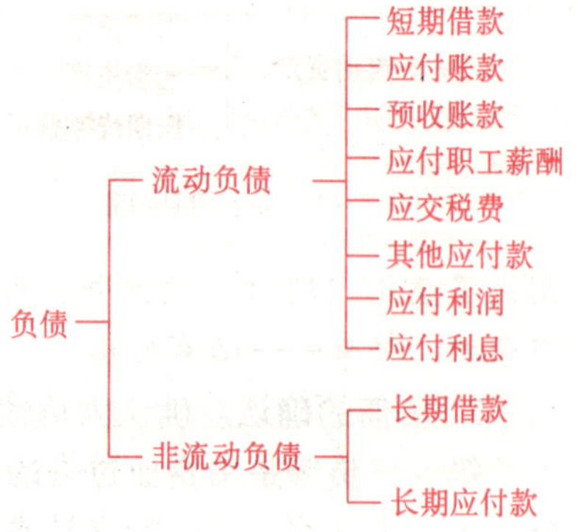

图2-2 负债的构成

- 长期借款是指企业向银行或者其他金融机构借入的、偿还期在1年以上的借款。
- 长期应付款是企业除长期借款、应付债券之外的其他一切长期应付款，包括应付融资租赁款等。

负债构成如图2－2所示。

（三）所有者权益

1. **所有者权益的定义。所有者权益是指企业资产减去负债后由所有者享有的剩余权益。**

对于任何一个企业而言，企业的资产来源不外乎两个方面：一是投资者的投入，二是债权人借入。无论是投资者还是债权人，都曾把他们的资金或财产投入到企业中，供企业在生产经营中运用。因此，他们也必然对企业的资产有要求权。即：投资者对企业资产的要求权——形成企业的所有者权益；债权人对企业资产的要求权——形成企业的负债。

公司的所有者权益又称为“股东权益”。所有者权益金额的计量取决于资产和负债的计量。

2. **所有者权益的确认**。确认为所有者权益需要具备以下特征：

第一，所有者权益随投资者的投资行为而产生，其数额的大小取决于投资额及企业经营状况。

第二，所有者权益一般不需要由企业归还给投资者，除非发生清算、减资的情况。

第三，投资者可以依据其在企业所有者权益中实收资本（股本）部分所占的份额参与企业的利润分配。

第四，所有者权益置于债权人权益之后，在企业清算时，企业的剩余财产在清偿所有负债后才返还给投资者。

3. **所有者权益的内容**。所有者权益包括**实收资本、资本公积、盈余公积和未分配利润**。

（1）实收资本是指投资者按照企业章程或合同、协议的约定，实际投入企业的资本，它表现为企业的注册资本。实收资本是企业的“本钱”。它来源于投资者对企业的投入！

（2）资本公积是指归所有者所共有的资本，包括投资者投入到企业的资本超过注册资本或股本中所占份额的部分以及直接计入所有者权益的利得和损失。

例如：甲公司由A、B、C共同出资组建。公司的注册资本60万元，其中，投资人A、B、C投入企业的货币资金各20万元，款项已存入企业的银行存款户。

3年后，另一投资人D愿拿30万元与A、B、C合伙，其中的20万元作为D投资的资本，其余的10万元则作为资本溢价，由四位投资人共同享有。

此时，A、B、C、D各自出资20万元，构成了甲公司的实收资本为80万元，四位投资人共同享有的资本公积为10万元。

（3）盈余公积是指企业按照法律、法规规定从净利润中提取的留存收益。包括法定盈余公积和任意盈余公积等。

（4）未分配利润是指企业本年期末未分配出的利润，该利润待下年度再分配，盈余公积和未分配利润又称为留存收益，它们都是企业历年实现的净利润留存于企业的部分。

企业实现了利润，一般于下一年度进行分配。在利润分配过程中，需要按照法律规定的顺序进行：

（1）弥补亏损；

（2）提取法定盈余公积；

（3）提取任意盈余公积；

（4）向股东分配利润；

（5）未分配利润。

其中所提取的盈余公积和未分配利润都留在企业，形成企业的留存收益。

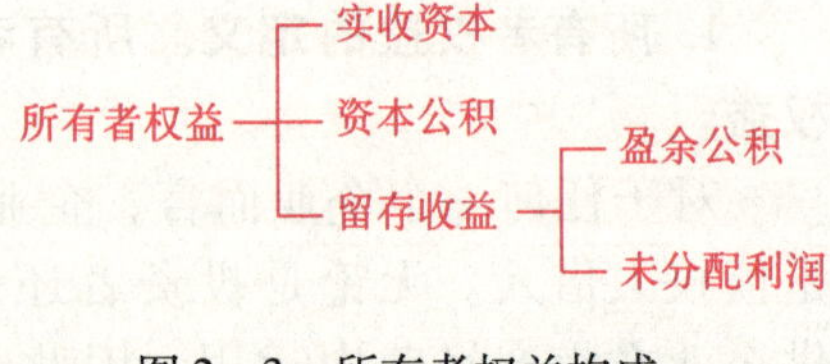

图 2-3　所有者权益构成

所有者权益构成如图 2-3 所示。

（四）收入

1. 收入的定义。收入是指企业在日常活动中形成的、会导致所有者权益增加的、与所有者投入资本无关的经济利益的总流入。

2. 收入的确认。确认为收入需要具备以下特征：

第一，收入从企业的日常经营活动中产生。日常活动是指企业为完成经营目标所从事的经常性活动以及与之相关的活动。如工业企业销售商品、销售材料、提供劳务收入等都属于日常经营活动。

与之相对应的，企业的有些活动也会带来经济利益，如出售房屋、机器设备等固定资产或是取得的罚款。但由于这些活动不属于企业的日常活动，故不属于收入的范畴，而是属于企业的利得。

第二，收入的取得会导致经济利益流入企业，且流入额能够可靠计量。收入可能表现为企业资产的增加，例如：销售商品收到银行存款、应收账款等，增加了企业的资产；收入也可能表现为企业负债的减少，例如：以商品直接抵偿债务；收入也可能表现为既增加资产，又减少负债，如销售商品，部分抵偿债务，部分收取现金。

第三，收入只包括本企业经济利益的流入，不包括为第三方代收款项。如销售商品时收到的增值税销项税额、代收的利息等，尽管也引起了经济利益的流入，但不属于收入。

第四，收入能导致企业所有者权益的增加。收入最终形成企业的利润，而利润为企业的所有者享有，即收入会导致所有者权益增加。不会导致所有者权益增加的经济利益流入，则不是企业的收入。例如：星海公司从银行借入 50 000 元，该借款也引起了经济利益的流入，但同时公司承担了一项负债，并未使所有者权益增加，因此，不属于收入。

第五，收入是与所有者投入资本无关的经济利益的总流入。

3. 收入的内容。企业的收入，包括销售商品收入、提供劳务收入和让渡资产使用权收入。

（1）销售商品收入，是指企业对外销售商品而取得的收入。

（2）提供劳务收入，是指企业提供各种劳务服务而取得的收入等。

（3）让渡资产使用权收入，包括利息收入、使用费收入等，如出租固定资产、包装物等所取得的租金收入。

提示：“日常活动”是指企业为完成其经营目标所从事的经营性活动以及与之相关的其他

活动。比如：企业生产并销售产品，属于企业为完成其经营目标所从事的经常性活动，由此产生的经济利益的总流入构成收入；工业企业转让无形资产使用权、出售原材料等，属于与经常性活动相关的其他活动，由此产生的经济利益的总流入也构成收入；而出售固定资产取得的净收益就不属于日常活动中产生的，不作为收入的构成。

（五）费用

1. 费用的定义。费用是指企业在日常活动中发生的、会导致所有者权益减少的、与向所有者分配利润无关的经济利益的总流出。

2. 费用的确认。确认为费用需要具备以下特征：

第一，费用是在企业日常活动中发生的经济利益的总流出，而且能够可靠计量。例如，企业销售商品取得了收入，而在生产这些商品时必须要消耗原材料、要支付人工工资和其他相关费用。这些支出是企业为了取得收入所付出的代价，因此，应将这种经济利益的流出作为费用。

与之相对应的，企业某些偶然发生的交易或事项也可能会发生经济利益的流出，如企业的罚款支出，即为偶发的交易，其导致的经济利益的流出不属于费用，而是损失，应作为营业外支出。

第二，费用可以表现为资产的减少，也可以表现为负债的增加，或者同时表现为资产的减少和负债的增加。

例如：管理部门购买办公用品所支付的库存现金，表现为资产的减少；企业尚未支付管理人员工资，表现为负债的增加；产品展销时的展览费，企业一部分支付了款项，一部分形成负债。

第三，费用会导致企业所有者权益减少。费用所导致的经济利益流出，会引起所有者权益减少，如果不会引起所有者权益的减少，则不属于费用。

例如，以20 000元银行存款偿还前欠银行的借款。经济利益流出了企业，同时引起了负债减少，而不是所有者权益减少，所以，此20 000元的经济利益流出不属于费用。

第四，费用与向所有者分配利润无关。向所有者分配利润也会导致经济利益流出企业，但不属于费用。

例如，企业某年净挣了20 000元，决定拿出15 000元分给所有者。此分配行为会导致经济利益流出企业，但不属于费用。

3. 费用的分类。费用按照其是否直接计入产品成本可以划分为计入产品成本的费用和期间费用。

（1）计入产品成本的费用包括直接材料费用、直接人工费用和制造费用。

（2）期间费用是指企业发生的不产生经济利益的，或者即使能够产生经济利益但不符合或者不再符合资产确认条件的，应当在发生时确认为费用，计入当期损益。期间费用包括销售费用、管理费用和财务费用。

①销售费用是指企业在销售商品过程中发生的各种费用；

②管理费用是指企业为组织和管理企业生产经营所发生的费用；

③财务费用是指企业为筹集生产经营所需资金而发生的费用。

费用构成如图2－4所示。

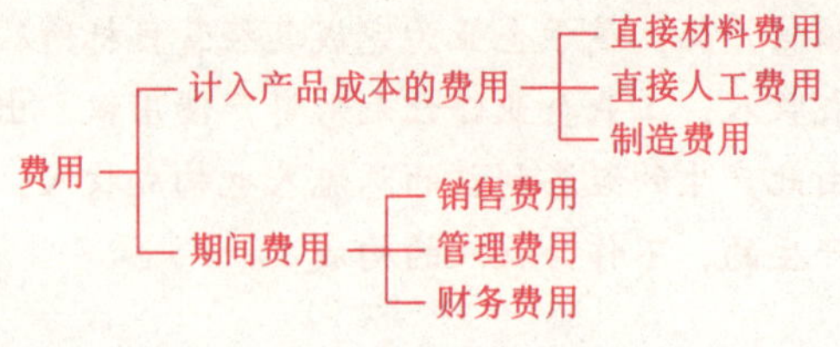

图2-4 费用的构成

（六）利润

利润是指企业在一定会计期间的经营成果。利润包括收入减去费用后的净额、直接计入当期利润的利得和损失等。

利润有营业利润、利润总额和净利润之分。

营业利润＝营业收入－营业成本－营业税费－期间费用－资产减值损失＋投资净收益

利润总额＝营业利润＋营业外收入－营业外支出

营业外收入和营业外支出，是指企业发生的与日常活动没有直接关系的各项利得和各项损失。

净利润＝利润总额－所得税

想一想：

企业销售产品取得的收入属于直接计入当期利润的利得吗？企业处置固定资产、无形资产等所发生的净损失是否属于直接计入当期利润的损失？

小测试

兴业公司的财务状况是：库存现金450元；银行结算户结存额78 900元；应向购货单位收回款项9 000元；未完工产品43 000元；机器、设备等70 000元；向银行借入短期借款50 000元；投资者投入38 000元；应付供货单位货款11 700元。

你知道它们分别属于资产、负债及所有者权益的哪个项目吗？

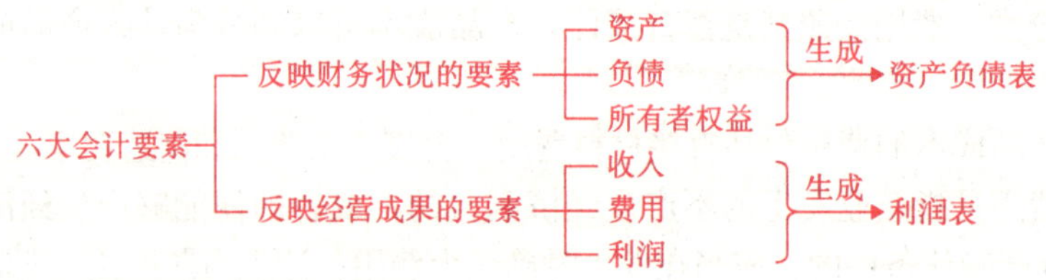

图2-5 会计要素分类

三、会计要素的计量

对会计要素进行计量，一般应当采用历史成本。

历史成本，又称为“实际成本”，就是在取得某项财产物资时所实际支付的价款。

1. 在历史成本计量下，资产一般按照取得时实际支付的价款计量。例如，某企业购入一幢厂房，共计支付50万元。则该项厂房的历史成本为50万元。即该项资产的入账价值为50万元。1年后，由于房价大幅度上涨，该厂房的市场价值为80万元。即便如此，在历史成本计量下，该厂房的账面原值仍为50万元。

2. 在历史成本计量下，负债一般按照承担义务时实际收到的款项计量。例如，某企业于5月1日从银行借入年利率为3%、期限为6个月的借款2万元。在确认短期借款的入账金额时，应以承担该项义务时（即5月1日）所实际收到的款项（即2万元）作为短期借款的入账金额，而不应以债务到期时偿还的金额入账。

相关链接：

会计计量属性主要包括：(1) 历史成本；(2) 重置成本；(3) 可变现净值；(4) 现值；(5) 公允价值。

第二节　会计要素之间的平衡关系

一、资产与权益是同一资金的两个方面

企业要从事生产经营活动，必须拥有一定的资源，例如厂房、设备、材料等。这种资源即是企业拥有或控制的资产。企业所拥有的每一项资产，从形式上看总是以某种形态存在着，表现为库存现金、银行存款，或为原材料、固定资产等；从价值上看即是企业拥有的一定数量的资金。而这一定数量的资金，必有其来源。即企业所拥有的这些以各种资产形态存在着的资金都是通过一定的渠道进入企业的，或是投资者投入，或是通过各种渠道向债权人借入的。无论是投资者对企业的投入，还是债权人对企业的借入，都会对企业的资产形成相应的要求权。我们把对企业资产的要求权称为“权益”。

由此，我们可以看出，资产与权益是同一资金的两个方面，资产反映出资金存在的形态，权益则反映出资金的来源渠道。因此，作为同一资金两个方面的资产与权益之间存在着一种必然相等的关系，如图2－6所示。

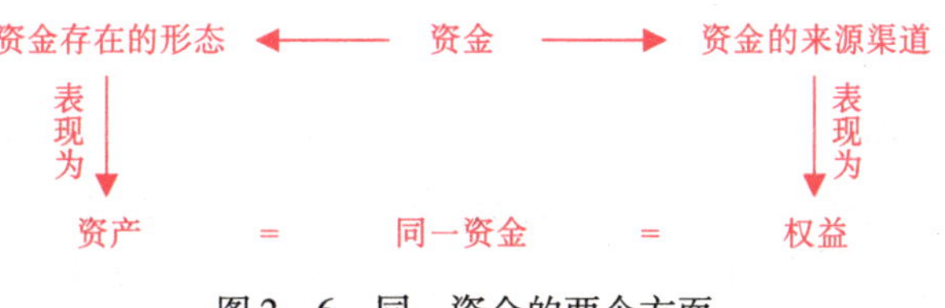

图2－6　同一资金的两个方面

二、资产与权益的平衡关系

（一）会计等式

从数量关系看，一定量的资产必有与其等量的权益；反之，一定量的权益也必然有与其等量的资产。每个企业从任何一个时点来看，资产总额必然等于权益总额，也就是说资产与权益存在着恒等关系。资产与权益之间的这种平衡关系，在会计学上称为**“会计等式”**：

资产＝权益

反映资金来源渠道的权益有两方面：

1. 所有者权益：是投资者对企业投入形成的权益。

2. 债权人权益：是债权人对企业借入形成的权益，该权益形成企业负债。

因此，我们可以将资产与权益的关系表述为：

资产＝负债＋所有者权益　　　（会计基本等式）

资产、负债和所有者权益三要素，每项因素都是由许多小因素组成，比如资产可以分为流动资产和非流动资产，负债可以分为流动负债和非流动负债，所有者权益又分为投入资本、未分配利润等。但无论交易或事项如何变化，都破坏不了资产与权益总额之间的平衡关系。如图 2－7 所示。

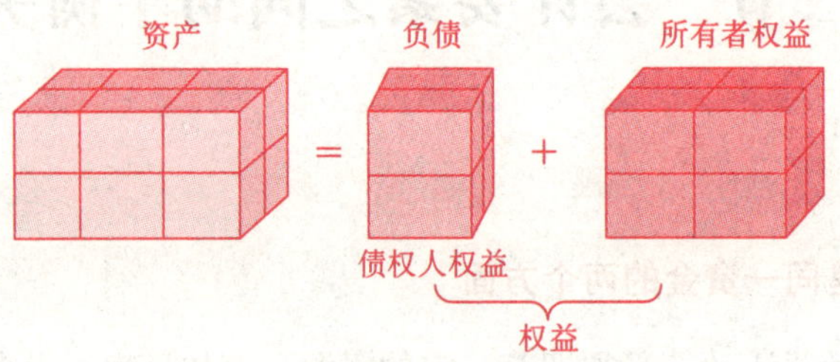

图 2－7　资产总额与权益总额的平衡关系

例如，星海公司由三兄弟共同投资兴建。成立之初，三兄弟各投资 300 000 元，均已存入星海公司的开户行。此时，星海公司的资产为 900 000 元，三兄弟对星海公司进行投资，必然对公司形成相应的权益，即权益为 900 000 元。

资产 ＝ 权益

900 000 ＝ 900 000

经营了一段时间，星海公司从银行借入 100 000 元，存入开户行。此时，公司资产的金额 1 000 000 元，负债的金额是 100 000 元，所有者权益仍为 900 000 元，这三个会计要素之间的关系为：

资 产 ＝ 负 债 ＋ 所有者权益

1 000 000 ＝ 100 000 ＋ 900 000

企业的资金运动在循环周转过程中，会发生收入和费用，收入减去费用就是企业的财务成果，即利润。收入、费用、利润三要素在资金动态情况下也存在平衡关系，其公式为：

收入－费用＝利润　　　（动态会计等式）

星海公司在开始生产经营当月，取得了 110 000 元的收入，发生了 60 000 元的费用。月末，星海公司计算实现了 50 000 元利润。

收入 － 费用 ＝ 利润

110 000 － 60 000 ＝ 50 000

收入会使企业的资产增加或负债减少，费用会使企业的资产减少或负债增加。如果把六大会计要素综合在一起，将资金运动的静态表现与动态表现有机地结合起来，会计等式就可以合并为：

资产＝负债＋所有者权益＋（收入－费用）

或

资产＋费用＝负债＋所有者权益＋收入　　（会计等式的扩展）

会计期末，企业计算所实现的利润，则

资产＝负债＋所有者权益＋利润

星海公司月末计算实现了50 000元利润，此时，

资 产	=	负 债	+	所有者权益	+	利润
1 050 000	=	100 000	+	900 000	+	50 000

星海公司实现的利润由公司的所有者享有，50 000元为增加的所有者权益。此时，

资 产	=	负 债	+	所有者权益
1 050 000	=	100 000	+	950 000

会计等式表示了各个会计要素之间的平衡关系，反映了各个会计要素的数量变化规律，它是设置账户、复式记账和编制会计报表的依据。

（二）交易或事项对会计等式的影响

企业在生产经营活动中要发生各种交易或事项，如购进设备与材料、发生和支付各项生产费用、出售产品和收回货款等。一般而言，作为交易、事项必须具备两个条件：一是能客观地用货币量度进行计价；二是可以改变会计要素的内容和内在联系。

随着经济活动的进行和交易、事项的不断发生，必然会引起各项会计要素经常发生增减变动，但是，无论交易、事项的数额如何变动，任何时候都不会改变会计等式的数量平衡关系，即企业资产总额总是会等于权益总额。

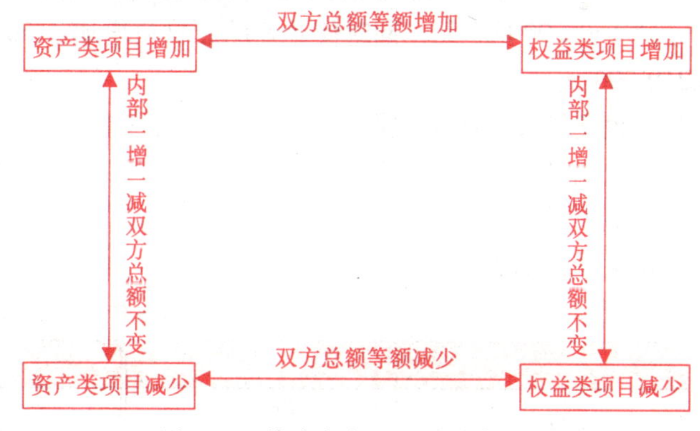

图2－8　资产与权益的增减类型

一个企业在经营过程中所发生的交易、事项是多种多样的，但从其对资产和权益的影响方式划分，不外乎以下四种基本类型（图2－8）：

1. 资产与权益同时增加，增加金额相等。
2. 资产与权益同时减少，减少金额相等。
3. 资产内部有增有减，增减金额相等。
4. 权益内部有增有减，增减金额相等。

上述四种类型又可以具体分为九种类型：

1. 一项资产增加，另一项资产同时减少，增减金额相等。

2. 一项负债增加，另一项负债同时减少，增减金额相等。

3. 一项资产和一项负债同时增加，增加金额相等。

4. 一项资产和一项负债同时减少，减少金额相等。

5. 一项资产和一项所有者权益同时增加，增加金额相等。

6. 一项负债减少，一项所有者权益同时增加，增减金额相等。

7. 一项所有者权益增加，另一项所有者权益同时减少，增减金额相等。

8. 一项资产和一项所有者权益同时减少，减少金额相等。

9. 一项负债增加，一项所有者权益同时减少，增减金额相等。

（三）应用举例

以下举例说明任何交易或事项的发生，都不会改变会计等式所表示的数量平衡关系。

1. 大恒公司某年1月1日的资产、负债与所有者权益平衡关系的静态表现如表2－1所示。

表2－1 ××年1月1日 单位：元

资　产	金　额	负债和所有者权益	金　额
银行存款	250 000	短期借款	50 000
原材料	160 000	应付账款	160 000
固定资产	690 000	长期借款	170 000
		实收资本	580 000
		盈余公积	140 000
合　计	1 100 000	合　计	1 100 000

2. 假设大恒公司本月发生下列交易或事项：

【例2－1】 5日，企业以银行存款购进原材料50 000元。

分析：该交易或事项的发生，使企业的银行存款减少了50 000元，即由原来的250 000元减少到200 000元，同时使企业的原材料增加了50 000元，即由原来的160 000元增加到210 000元。

该交易或事项使企业的一项资产（原材料）增加，另一项资产（银行存款）减少，增减金额相等，因此企业总资产金额不会发生变化。另外，该交易或事项没有涉及负债和所有者权益项目，不会引起权益总额发生变化。所以，该交易或事项的发生不会改变会计等式的平衡关系，如表2－2所示。

表2－2 ××年1月5日 单位：元

资　产	金　额	负债和所有者权益	金　额
银行存款↓	200 000 （250 000－50 000）	短期借款	50 000
原材料↑	210 000 （160 000＋50 000）	应付账款	160 000
固定资产	690 000	长期借款	170 000
		实收资本	580 000
		盈余公积	140 000
合　计	1 100 000	合　计	1 100 000

想一想：

企业用银行存款购买固定资产，会引起会计要素怎样的变化？

【例2-2】 10日，企业向银行借入短期借款偿还前欠某企业货款140 000元。

分析：该交易或事项的发生，使企业的短期借款增加了140 000元，即由原来的50 000元增加到190 000元，同时使企业的应付账款减少了140 000元，即由原来的160 000元减少到20 000元。

该交易或事项使企业的一项负债（短期借款）增加，另一项负债（应付账款）减少，增减金额相等。因此，企业的权益总额不会发生变化。另外，该交易或事项没有涉及资产项目，不会引起资产总额发生变化，所以，该交易或事项的发生，不会改变会计等式的平衡关系，如表2-3所示。

表2-3 **××年1月10日** 单位：元

资产	金额	负债和所有者权益	金额
银行存款	200 000	短期借款 ↑	190 000 (50 000 + 140 000)
原材料	210 000	应付账款 ↓	20 000 (160 000 - 140 000)
固定资产	690 000	长期借款	170 000
		实收资本	580 000
		盈余公积	140 000
合计	1 100 000	合计	1 100 000

想一想：

企业向银行借入长期借款偿还专项工程欠款，会引起会计要素怎样的变化？

【例2-3】 15日，企业向某企业赊购原材料一批30 000元。

分析：该交易或事项的发生，使企业原材料增加了30 000元，即由原来的210 000元增加到240 000元，同时使企业的应付账款增加了30 000元，即由原来的20 000元增加到50 000元。

该交易或事项使企业的资产（原材料）和负债（应付账款）同时增加，双方增加金额相等。因此，会计等式的平衡关系不会改变，如表2-4所示。

表2-4 **××年1月15日** 单位：元

资产	金额	负债和所有者权益	金额
银行存款	200 000	短期借款	190 000
原材料 ↑	240 000 (210 000 + 30 000)	应付账款 ↑	50 000 (20 000 + 30 000)
固定资产	690 000	长期借款	170 000
		实收资本	580 000
		盈余公积	140 000
合计	1 130 000	合计	1 130 000

想一想：

企业购入一套设备，款项未付，会引起会计要素怎样的变化？

【例2－4】 20日，企业以银行存款归还银行短期借款80 000元。

分析：该交易或事项的发生使企业的银行存款减少了80 000元，即原来的200 000元减少到120 000元，同时使企业的短期借款减少了80 000元，即由原来的190 000元减少到110 000元。

该交易或事项使资产（银行存款）和负债（短期借款）同时减少，双方减少金额相等。因此，会计等式的平衡关系不会改变，如表2－5所示。

表2－5　　××年1月20日　　单位：元

资　产	金　额	负债和所有者权益	金　额
银行存款 ↓	120 000 (200 000－80 000)	短期借款 ↓	110 000 (190 000－80 000)
原材料	240 000	应付账款	50 000
固定资产	690 000	长期借款	170 000
		实收资本	580 000
		盈余公积	140 000
合　计	1 050 000	合　计	1 050 000

想一想：

企业用银行存款支付前欠甲单位货款，会引起会计要素怎样的变化？

【例2－5】 21日，企业收到所有者投入固定资产90 000元。

分析：该交易或事项的发生，使企业的固定资产增加了90 000元，即由原来的690 000元增加到780 000元，同时使企业的实收资本增加了90 000元，即从原来的580 000元增加到670 000元。

该交易或事项使企业的资产（固定资产）和所有者权益（实收资本）同时增加，双方增加金额相等。因此，会计等式的平衡关系不会改变，如表2－6所示。

表2－6　　××年1月21日　　单位：元

资　产	金　额	负债和所有者权益	金　额
银行存款	120 000	短期借款	110 000
原材料	240 000	应付账款	50 000
固定资产 ↑	780 000 (690 000＋90 000)	长期借款	170 000
		实收资本 ↑	670 000 (580 000＋90 000)
		盈余公积	140 000
合　计	1 140 000	合　计	1 140 000

想一想:

企业收到乙单位投入货币资金，会引起会计要素怎样的变化?

【例2-6】 22日，企业将长期借款70 000元转作投入资本。

分析: 该交易或事项的发生，使企业的实收资本增加了70 000元，即由原来的670 000元增加到740 000元。同时使企业的长期借款减少了70 000元，从原来的170 000元减少到100 000元。

该交易或事项使企业的一项所有者权益（实收资本）增加，另一项负债（长期借款）减少，增减金额相等。因此，企业的权益总额不会发生变化。另外，该交易或事项没有涉及到资产项目，不会引起资产总额发生变化，所以，该交易或事项的发生不会改变会计等式的平衡关系。如表2-7所示。

表2-7　　××年1月22日　　单位：元

资　产	金　额	负债和所有者权益	金　额
银行存款	120 000	短期借款	110 000
原材料	240 000	应付账款	50 000
固定资产	780 000	长期借款↓	100 000 （170 000-70 000）
		实收资本↑	740 000 （670 000+70 000）
		盈余公积	140 000
合　计	1 140 000	合　计	1 140 000

想一想:

企业将应付某企业的货款转作投入资本，会引起会计要素怎样的变化?

【例2-7】 30日，企业用盈余公积40 000元转作资本。

分析: 该交易或事项的发生，使企业的实收资本增加了40 000元。即由原来的740 000元增加到780 000元，同时使企业的盈余公积减少了40 000元，从原来的140 000元减少到100 000元。

该交易或事项使企业的一项所有者权益（实收资本）增加，另一项所有者权益（盈余公积）减少，增减金额相等，因此，企业的权益总额不会发生变化。另外，该交易或事项没有涉及到资产项目，不会引起资产总额发生变化。所以，该交易或事项的发生不会改变会计等式的平衡关系。如表2-8所示。

表 2-8　　××年1月30日　　单位：元

资　产	金　额	负债和所有者权益	金　额
银行存款	120 000	短期借款	110 000
原材料	240 000	应付账款	50 000
固定资产	780 000	长期借款	100 000
		实收资本 ↑	780 000 (740 000 + 40 000)
		盈余公积 ↓	100 000 (140 000 - 40 000)
合　计	1 140 000	合　计	1 140 000

想一想：

企业将盈余公积弥补亏损，会引起会计要素怎样的变化？

【例 2-8】　30 日，经批准，企业用银行存款归还投资者的投入资本 50 000 元。

分析：该交易或事项的发生，使企业的银行存款减少了 50 000 元，即由原来的 120 000 元减少到 70 000 元，同时使企业的实收资本减少了 50 000 元，即由原来的 780 000 元减少到 730 000 元。

该交易或事项使企业的一项资产（银行存款）和所有者权益（实收资本）同时减少，双方减少金额相等。所以，该交易或事项的发生不会改变会计等式的平衡关系。如表 2-9 所示。

表 2-9　　××年1月30日　　单位：元

资　产	金　额	负债和所有者权益	金　额
银行存款 ↓	70 000 (120 000 - 50 000)	短期借款	110 000
原材料	240 000	应付账款	50 000
固定资产	780 000	长期借款	100 000
		实收资本 ↓	730 000 (780 000 - 50 000)
		盈余公积	100 000
合　计	1 090 000	合　计	1 090 000

想一想：

投资人陈新要求退还投资，经批准，同意用设备一台抵付退还投资款，会引起会计要素怎样的变化？

【例 2-9】　31 日，经批准，企业用盈余公积 20 000 元发放现金股利。

分析：该交易或事项的发生，使企业的盈余公积减少了20 000元，即由原来的100 000元减少到80 000元，同时使企业的应付股利增加了20 000元。

该交易或事项使企业的一项负债（应付股利）增加，一项所有者权益（盈余公积）减少，双方增减金额相等。所以，该交易或事项的发生不会改变会计等式的平衡关系。如表2－10所示。

表2－10 **××年1月31日** 单位：元

资　　产	金　　额	负债和所有者权益	金　　额
银行存款	70 000	短期借款	110 000
原材料	240 000	应付账款	50 000
固定资产	780 000	应付股利 ↑	20 000 (0＋20 000)
		长期借款	100 000
		实收资本	730 000
		盈余公积 ↓	80 000 (100 000－20 000)
合　　计	1 090 000	合　　计	1 090 000

以上四类交易或事项的例子说明，企业每发生一项交易或事项都会使某一具体的会计要素发生增减变动，并会同时引起相关的会计要素发生等量的增减变动。

交易或事项的发生对会计等式的影响不外乎两种情况：

一是引起会计等式一边内部项目有增有减，增减金额相等，相互抵消后，其总额保持原来的不变；

二是引起会计等式两边对应项目同增同减，增减金额相等，双方变动后的总额保持相等关系。

因此，任何一项交易或事项的发生，无论引起各项会计要素发生什么样的增减变动，都不会改变会计等式的平衡关系。

知识检测

一、单项选择题

1. 所有者权益金额是（　　）后的余额。

　A. 资产－负债　　　　B. 收入－支出

　C. 资产＋收入　　　　D. 利润－负债

2. 资产是企业（　　）的资源。

　A. 借入或投入　　　　B. 拥有或控制

　C. 拥有或租入　　　　D. 控制或使用

3. 下列各项中属于流动资产的是（ ）。

A. 应付账款 B. 长期借款

C. 资本公积 D. 应收账款

4. 下列各项负债项目中属于长期负债的是（ ）。

A. 长期借款 B. 应付利润

C. 应付账款 D. 应付票据

5. 收入是企业在销售商品、提供劳务及让渡资产使用权日常活动中形成的（ ）。

A. 现金流入 B. 经济利益的总流入

C. 主营业务收入 D. 其他业务收入

6. 费用是指企业为销售商品、提供劳务等日常活动所发生的（ ）。

A. 经济利益的总流出 B. 生产费用

C. 人力物力耗费 D. 经济损失

7. 利润是企业在一定会计期间的（ ）。

A. 经营收入 B. 经营毛利

C. 经营成果 D. 经济效益

8. 用银行存款归还应付账款的经济业务属于（ ）。

A. 资产和负债同增 B. 资产减少负债增加

C. 资产增加负债减少 D. 资产负债同减

二、多项选择题

1. 下列各项目中属于会计要素的有（ ）。

A. 资产 B. 利润

C. 费用 D. 成本

E. 负债

2. 下列项目中属于所有者权益类的有（ ）。

A. 实收资本 B. 应付福利费

C. 资本公积 D. 未分配利润

E. 盈余公积

3. 下列项目中属于资产类的会计科目有（ ）。

A. 流动资产 B. 利润分配

C. 固定资产 D. 无形资产

E. 其他应收款

4. 下列项目中属于期间费用的有（ ）。

A. 管理费用 B. 直接人工

C. 财务费用 D. 间接费用

E. 销售费用

5. 下列会计事项中属于资产和权益双方金额等额减少的有（ ）。

A. 用银行存款归还应付账款 B. 用银行借款归还短期借款

C. 用银行存款购入设备 D. 用库存商品抵债还银行借款

E. 用现金支付职工薪酬

6. 反映资金运动动态表现的会计要素有（　　）。

A. 资产　　B. 利润

C. 所有者权益　　D. 收入

E. 费用

7. 在下列项目中形成企业资产的资金来源的有（　　）。

A. 所有者投入　　B. 盈余公积

C. 营业收入　　D. 借入款项

E. 营业外收入

实操训练

实训一

［目的］练习会计基本等式。

［资料］某企业月末各项目资料如下：

1. 银行里的存款 120 000 元。
2. 向银行借入半年期的借款 500 000 元。
3. 出纳处存放现金 1 500 元。
4. 仓库里存放的原材料 519 000 元。
5. 仓库里存放的产成品 194 000 元。
6. 正在加工中的产品 75 500 元。
7. 应付外单位货款 60 000 元。
8. 向银行借入二年期的借款 600 000 元。
9. 房屋及建筑物 400 000 元。
10. 所有者投入资本 7 000 000 元。
11. 机器设备 2 500 000 元。
12. 应收外单位货款 100 000 元。
13. 以前年度尚未分配的利润 750 000 元。
14. 对外单位长期投资 5 000 000 元。

［要求］

1. 判断上列资料中各项目的类别（资产、负债、所有者权益）并将各项目金额一并填入表1。

2. 计算表1内资产总额、负债总额、所有者权益总额是否符合会计基本等式。

表 1

项目	金额		
	资产	负债	所有者权益
合计			

实训二

［目的］练习资金变化类型。

［资料］某企业发生交易、事项如下：

1. 用银行存款购买材料。
2. 用银行存款支付前欠 A 单位货款。
3. 用盈余公积金弥补职工福利费。
4. 向银行借入长期借款，存入银行。
5. 收到所有者投入的设备。
6. 购入设备一台，款未付。
7. 用银行存款归还长期借款。
8. 企业以固定资产向外单位投资。
9. 用银行借款归还前欠甲单位货款。
10. 用银行存款归还投资人的投资款。
11. 经协商，将应归还的应付货款转为投入资本。
12. 将盈余公积金转作资本。

［要求］分析上列各项交易、事项的类型，填入表 2。

表 2

类型	经济业务序号
1. 一项资产增加，另一项资产减少	
2. 一项负债增加，另一项负债减少	
3. 一项所有者权益增加，另一项所有者权益减少	
4. 一项资产增加，一项负债增加	
5. 一项资产增加，一项所有者权益增加	
6. 一项资产减少，一项负债减少	
7. 一项资产减少，一项所有者权益减少	
8. 一项负债减少，一项所有者权益增加	
9. 一项负债增加，一项所有者权益减少	

第3单元

账户和复式记账

单元重点：

- □ 小企业会计科目及其分类
- □ 复式记账的基本原理
- □ 账户对应关系
- □ 简单会计分录的编制
- □ 试算平衡表的编制
- □ 总分类账户与明细分类账户平行登记

第一节　会 计 科 目

一、会计科目的设置

通过上一单元的学习我们知道，会计要素是对会计对象的基本分类，但这六项会计要素显得过于粗略，不够详细，难以满足企业内部经营管理和外部有关方面对会计信息的需要。因此要按照经济内容和管理的要求，对会计要素作进一步的分类。举例来说，库存现金、库存商品、固定资产都属于企业的资产，但它们所反映的经济内容和管理的要求不同，应分别进行核算和监督，这就涉及会计科目的设置问题。

会计科目是对会计要素的具体内容进行分类核算的项目。

确定会计科目必须符合会计准则的要求，内涵明确、界限清楚，每一个会计科目反映一个特定的内容，不能遗漏。会计科目的设置应遵循以下原则：

1. **合法性原则**。是指设置的会计科目应当符合会计法规及有关制度的规定，以保证各单位的会计信息真实、可比。

2. **相关性原则**。是指会计科目的设置应满足对外报告与对内管理的要求，向信息使用者提供相关信息。

3. **实用性原则**。是指应根据各单位的组织形式、所处行业、经营内容及业务种类等实际情况，在不违反会计准则中确认、计量和报告规定的前提下，各单位可自行增设、分拆、合并会计科目，以满足本单位的实际需要。

二、会计科目的分类

（一）按经济内容分类

会计科目按其归属的会计要素，可以分为五类：

1. **资产类**：按资产的流动性分为反映流动资产的科目和反映非流动资产的科目。如“库存现金”、“银行存款”、“应收账款”、“原材料”、“库存商品”等是反映流动资产的科目；“固定资产”、“长期待摊费用”、“无形资产”等是反映非流动资产的科目。

2. **负债类**：按负债的偿还期限分为反映流动负债的科目和反映非流动负债的科目。如“短期借款”、“应付账款”、“应付职工薪酬”等是反映流动负债的科目；“长期借款”等是反映非流动负债的科目。

3. **所有者权益类**：按所有者权益的形成和性质可分为反映资本的科目和反映留存收益的科目。如“实收资本”、“资本公积”是反映企业资本的科目；“盈余公积”、“本年利润”是反映留存收益的科目。

4. **成本类**：按成本的不同内容和性质可以分为反映制造成本的科目和反映劳务成本的科目。如“生产成本”、“制造费用”等。

5. **损益类**：按损益的不同内容可以分为反映收入的科目和反映费用的科目。如“主营业务收入”、“管理费用”、“财务费用”、“投资收益”等科目。

《小企业会计准则》附录中列示了五大类共66个会计科目，涵盖了各类企业的交易或事项。下面仅将本教材中涉及的工业企业常用的会计科目列示如表3－1所示。

表3－1 会计科目表

编号	名称	编号	名称
	一、资产类	1511	长期股权投资
1001	库存现金	1512	长期股权投资减值准备
1002	银行存款	1531	长期应收款
1101	交易性金融资产	1601	固定资产
1122	应收账款	1602	累计折旧
1123	预付账款	1603	固定资产减值准备
1131	应收股利	1604	在建工程
1132	应收利息	1606	固定资产清理
1221	其他应收款	1701	无形资产
1231	坏账准备	1702	累计摊销
1401	材料采购	1703	无形资产减值准备
1402	在途物资	1901	待处理财产损溢
1403	原材料		二、负债类
1404	材料成本差异	2001	短期借款
1405	库存商品	2202	应付账款
1411	周转材料	2203	预收账款
1471	存货跌价准备	2211	应付职工薪酬

续表

编号	名　　称	编号	名　称
2221	应交税费		**五、损益类**
2231	应付利息	6001	主营业务收入
2232	应付股利	6051	其他业务收入
2241	其他应付款	6111	投资收益
2501	长期借款	6301	营业外收入
	三、所有者权益类	6401	主营业务成本
4001	实收资本	6402	其他业务成本
4002	资本公积	6403	营业税金及附加
4101	盈余公积	6601	销售费用
4103	本年利润	6602	管理费用
4104	利润分配	6603	财务费用
	四、成本类	6701	资产减值损失
5001	生产成本	6711	营业外支出
5101	制造费用	6801	所得税费用

（二）按提供会计信息的详细程度分类

会计科目按其提供会计信息的详细程度，可分为总分类科目和明细分类科目。

总分类科目，又称“一级会计科目”或总账科目。是对会计要素具体内容进行总括分类，提供总括信息的会计科目。提供信息基本上能够满足企业外部有关方面的需要。

明细分类科目，又称“细目”，是对总分类科目作进一步分类、提供详细会计信息的科目，如在“应付账款”科目下按债权人名称设置明细科目。对于明细科目较多的总分类科目，可在总分类科目与明细分类科目之间设置二级科目（也称子目）。如在“原材料”总分类科目下可按原材料类别开设“原料及主要材料”、“辅助材料”、“燃料”等二级科目；在“原料及主要材料”二级科目下，按材料的品种、规格开设明细科目（表3－2）。明细科目提供的信息主要为企业内部管理服务。

表3－2

总分类科目（一级科目）	明细分类科目	
	二级科目（子目）	明细科目（细目）
原材料	原料及主要材料	甲材料
		乙材料
	辅助材料	润滑油
		油漆
	燃料	焦炭
		汽油

对于明细科目，企业可以比照国家统一会计制度中的规定自行设置。虽然明细科目可以提供详细信息，但并不是说科目分得越细越好，有的一级会计科目就不需要设置明细科目，如：“累计折旧”科目、“本年利润”科目等。

注意：总分类科目与明细分类科目的关系是，总分类科目对其所属明细分类科目具有统驭和控制的作用，而明细分类科目是对其所属的总分类科目的补充和说明。

第二节 账　　户

一、账户的设置

会计科目的确定，只是对会计的内容进行了科学的分类，确定了每个项目的名称。要对交易、事项进行连续、系统的登记，就要为每个会计科目开设账户。

账户是根据会计科目开设的，具有一定格式和结构，用于分类反映会计要素增减变化及其结果的载体。设置账户，是会计核算的重要方法之一。

在实际工作中，人们往往对会计科目和账户不严加区分，互相通用。而在会计学中，账户与会计科目是两个不同的概念。

相关链接：

会计科目与账户的联系

二者反映的经济内容是一致的，会计科目是账户的名称，也是设置账户的依据，账户是会计科目的具体运用。二者的区别是：账户具有一定的格式和结构，而会计科目只是分类名称，本身不具备结构问题，它的内容必须通过账户反映出来。

二、账户的分类

账户的分类与会计科目的分类相对应，**账户按提供会计信息的详细程度不同分为总分类账户和明细分类账户。**

总分类账户，是按照总分类会计科目开设的账户，又称“总账账户”。按归属的会计要素不同分为资产类账户、负债类账户、所有者权益类账户、成本类账户、损益类账户五类。总分类账户用来提供总括的核算资料，因而它只用货币计量单位进行金额核算。

明细分类账户，是对总分类账户所作的更详细的分类。如在“应付账款”总分类账户下面，按债权人设置明细账户。在明细分类账户中，除应用货币计量单位进行金额核算外，有些账户还应用实物计量单位进行核算。如“原材料”、“库存商品”。明细分类账户应根据重要性原则，有粗有细，对重要的经济内容，特别是对于影响决策的项目应当分别核算、分项反映。与会计科目分类一致，有些经济内容如“原材料”和“固定资产”不仅需要反映每个品种的详细情况，而且需要在总分类账户与明细分类账户之间分大类反映该项资金的变化及结存情况，也就是应设置二级账户。二级账户是介于总分类账户与明细分类账户之间的账户。

三、账户的基本结构

经济活动是错综复杂的，但每项交易、事项的发生对会计要素的影响，从数量方面来分析，不外乎增加和减少两种情况。因此，在账户中应分为左、右两方，开设反映会计要素增减变动情况的“增加栏”、“减少栏”，这是账户的最基本部分。为了便于随时考查每项交易、事项的内容、记账时间以及记账的依据，对于一个完整的账户结构一般应包括：

1. 账户名称；
2. 记录交易、事项的日期（年、月、日）；
3. 所依据的凭证编号；
4. 交易、事项的内容摘要；
5. 增减金额、余额。

“增加”、“减少”只是一个单纯的数量概念，一定会计期间（月、季、年）登记到增加方的数额合计，称为“本期增加发生额”；登记到减少方的数额合计，称为“本期减少发生额”；两方数额相减，其差额为“期末余额”。由于会计期间前后相连，本期的期末余额将成为下期的期初余额。这样每个账户一般提供四个数量指标，即期初余额、本期增加发生额、本期减少发生额和期末余额。其数量关系如下：

期末余额 = 期初余额 + 本期增加发生额 – 本期减少发生额

小测试

如果你的存折上原有存款 3 600 元，本月存入 1 000 元，交手机费支出 80 元。那么，对于你的这个存折来说，期初余额、本期增加发生额、本期减少发生额和期末余额分别是多少？

因为资产与权益是同一资金的两个方面，两者是对立统一的。资产和权益的每个账户如何相对应地在会计等式两边登记增加和减少，则由所采用的记账方法和各账户所记录的经济内容（账户性质）而决定。

在借贷记账法下，账户的最基本部分为“借方”、“贷方”栏。**账户的左边为“借方”、右边为“贷方”**，余额栏目在最后。账户基本结构如表 3－3 所示。

这是会计科目，反映了资产这一会计要素中的一项具体内容——银行存款。

表 3－3　　银行存款日记账

年		凭证编号	摘要	借方										贷方										√	借或贷	余额									
月	日			千	百	十	万	千	百	十	元	角	分	千	百	十	万	千	百	十	元	角	分			千	百	十	万	千	百	十	元	角	分

这个整体是账户，有名称，即会计科目，并有一定的格式和结构。

为了便于说明，习惯上将上述账户的结构简化为“T”字形，称为“T形账户”。T形账户的左边代表“借方”，右边代表“贷方”；借方发生额在借方登记，贷方发生额在贷方登记。T形账户的格式如表3－4所示。

表3－4

借方（左）	账户名称（会计科目）	贷方（右）

第三节　复式记账

一、复式记账原理

确定账户，只是解决了一个对每一项交易、事项如何在账户中反映的问题，但如何相互联系地记录交易、事项的变化及其结果，即如何将每项交易、事项的来龙去脉都记录到账户中去，连续、系统、清晰地反映资金运动变化过程和结果，就涉及一个记账方法问题。**所谓记账方法，是指对发生的交易、事项根据一定的记账原理、记账符号和规则在账户中进行登记的方法。**

目前，世界上广泛采用复式记账法。**复式记账法，就是对发生的每一项交易、事项都以相等的金额同时在两个或两个以上相互联系的账户中进行登记的一种记账方法。**

在企业的生产经营活动中，每一项交易、事项都不是孤立的，不是引起资产与权益同时变化，就是引起资产内部或权益内部变化。要全面反映资产、负债、所有者权益的变化情况，就需要采用复式记账法。比如企业用现金购入原材料，一方面引起货币资产减少，另一方面引起存货资产增加；用银行存款还欠款，一方面引起货币资产减少，另一方面引起企业负债的减少。这两种情况说明，只有既登记“现金”、“银行存款”减少，又登记“原材料”增加和“应付账款”减少，才能把这项交易反映清楚。

复式记账法是一种科学的记账方法，其主要优点是：

1. 能够全面反映每项交易、事项引起的资产、权益的变化及其结果。

2. 以会计等式作为记账基础，能使账户之间保持相应平衡关系，便于通过两个账户的对应关系检查账户记录的正确性。

我国曾用过的复式记账法有：借贷记账法、收付记账法和增减记账法，这些记账方法的主要区别在于记账符号、账户结构、记账规则和试算平衡。1993年7月，我国会计基本准则规定统一采用借贷记账法。

二、借贷记账法

借贷记账法是以“借”、“贷”作为记账符号的一种复式记账方法。

（一）记账符号

“借”和“贷”二字表示记账符号，反映交易、事项发生引起会计要素的增减变化。

在账户中**左边标明“借方”，右边标明“贷方”**，其含义不固定，取决于账户所反映的经济内容即账户性质。交易或事项发生之后，对于引起的资产增加、权益减少，记入账户的“借方”；引起的资产减少和权益增加记入账户的“贷方”。

“借”和“贷”的这种记录方式是建立在会计等式基础上的，资产和权益在等式的相反方向，因此，记录的方式正好相反（见图3-1）。

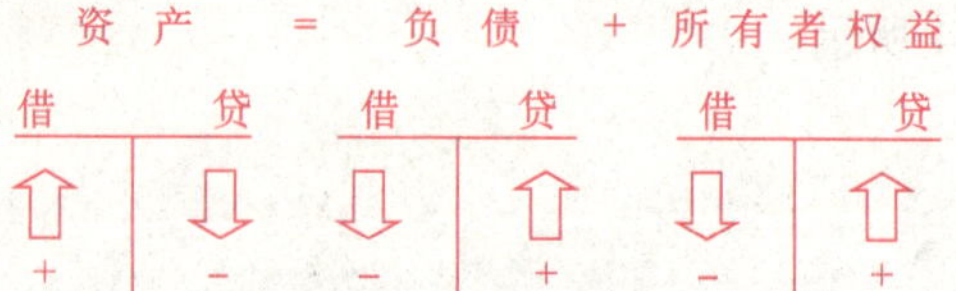

图3-1 借贷记账法

提示：“借”“贷”只是记账符号，在此已不具有其本身在汉语中的任何内在含义了。账户的左边称为“借方”，右边称为“贷方”。

（二）账户结构

1. 资产类账户结构和登记。**资产类账户的“借方”登记“增加数”，“贷方”登记“减少数”，其余额一般为“借方余额”，反映资产的实有数。**

登记资产类账户时，首先将期初余额记入账户余额栏中，并注明是借方余额，然后按照交易或事项发生的时间顺序进行登记。本期发生的增加数登记在借方，本期发生的减少数登记在贷方，计算本期借方发生额合计和贷方发生额合计，最后计算出期末余额。账户的期末借方余额与本期发生额的关系用公式表示如下：

期末借方余额＝期初借方余额
＋本期借方发生额
－本期贷方发生额

表3-5

借方	资产类账户 贷方
期初余额 本期增加额 …	 本期减少额 …
本期借方发生额	本期贷方发生额
期末余额	

资产类账户的基本结构如表3-5所示。

【应用举例】 现以“原材料”账户为例，说明资产类账户的登记方法，如表3-6所示。

表3-6

账户名称：原材料　　　　单位：元

年		凭证号数	摘要	借方	贷方	借或贷	余额
月	日						
	1		期初余额			借	3 300
	5		购进	5 300		借	8 600
	16		领用		4 000	借	4 600
	18		购进	2 000		借	6 600
	29		领用		1 000	借	5 600
	31		本期发生额及期末余额	7 300	5 000	借	5 600

想一想：

上述“原材料”账户的期末余额是怎样计算出来的？

2. 负债类账户结构和登记。负债类账户的结构与资产类账户的结构正好相反，**贷方登记增加数，借方登记减少数，其余额一般为贷方余额，反映负债应付数。**负债属于债权人的权益，负债需要通过财务结算进行清理偿付，一旦清偿完毕，债务、权益都不复存在。

登记负债类账户时，首先将期初余额记入账户余额栏中，并注明是贷方余额，然后按照交易、事项发生的时间顺序登记，负债的增加数登记在贷方，负债的减少数登记在借方，再计算本期借方发生额和本期贷方发生额，最后计算期末余额。

负债类账户期末余额与本期发生额的关系用公式表示如下：

期末贷方余额 = 期初贷方余额 + 本期贷方发生额 − 本期借方发生额

其基本结构如表3-7所示。

表3-7

借方　　　　负债类账户	贷方
	期初余额
本期减少额	本期增加额
…	…
本期借方发生额	本期贷方发生额
	期末余额

【应用举例】 现以“应付账款”账户为例，说明负债账户的登记方法，如表3-8所示。

表3-8

账户名称：应付账款　　　　单位：元

年		凭证号数	摘要	借方	贷方	借或贷	余额
月	日						
12	1		期初余额			贷	8 800
	6		购料欠款		1 200	贷	10 000
	18		购料欠款		6 000	贷	16 000
	28		归还欠款	13 000		贷	3 000
	31		本期发生额及期末余额	13 000	7 200	贷	3 000

3. 所有者权益类账户结构和登记。所有者权益是投资者对资产的一种求偿权，**借方登记减少数，贷方登记增加数，其余额一般为贷方余额，反映所有者权益实有数。**

登记所有者权益类账户时，首先将期初余额记入账户余额栏中，说明是贷方余额，然后按照交易、事项发生的时间顺序登记，所有者权益增加数登记在贷方，所有者权益减少数登记在借方，再计算本期借方发生额和本期贷方发生额，最后计算期末余额。

表3-9

借方　　　　所有者权益类账户	贷方
	期初余额
本期减少额	本期增加额
…	…
本期借方发生额	本期贷方发生额
	期末余额

所有者权益类账户期末余额与本期发生额的关系用公式表示如下：

期末贷方余额 = 期初贷方余额 + 本期贷方发生额 − 本期借方发生额

其基本结构如表3－9所示。

【应用举例】 现以“实收资本”账户为例，说明所有者权益类账户的登记方法，如表3－10所示。

表3－10

账户名称：实收资本　　　　单位：元

年		凭证号数	摘要	借方	贷方	借或贷	余额
月	日						
	1		期初余额			贷	38 700
	5		投入现金		1 300	贷	40 000
	15		投入设备		20 000	贷	60 000
	25		转出	4 000		贷	56 000
	31		本期发生额及期末余额	4 000	21 300	贷	56 000

4. 成本费用类账户结构和登记。企业进行生产经营活动必然要发生人力、物力和财力消耗，其中直接材料、直接人工和制造费用，构成产品的实际成本，亦称“制造成本”。为了组织和管理生产，还会发生一些管理费用、财务费用和销售费用，统称“期间费用”。期间费用在发生时直接计入当期损益，不计入生产成本。生产成本和期间费用实际上是资产消耗价值的转移，最终会导致所有者权益减少。所以，**成本费用类账户与资产类账户结构基本相同**，即成本费用增加记在借方，结转完工产品成本和费用记入贷方。由于借方登记的成本、费用增加额期末一般都是从贷方转出，以便确定一定期间的利润，因此，该类账户通常没有期末余额（生产成本除外）。其基本结构如表3－11所示。

表3－11

借方　　成本、费用类账户	贷方
增加额 …	减少额（转出额） …
本期借方发生额	本期贷方发生额

【应用举例】 现以“管理费用”账户为例，说明成本费用类账户的登记方法，如表3－12所示。

表3－12

账户名称：管理费用　　　　单位：元

年		凭证号数	摘要	借方	贷方	借或贷	余额
月	日						
	2		支付办公费	3 000		借	3 000
	6		报销差旅费	1 200		借	4 200
	7		分配工资费	5 000		借	9 200
	18		计提折旧	5 600		借	14 800
	31		月末结转		14 800	平	0
	31		本期发生额及期末余额	14 800	14 800	平	0

5. 收入类账户结构和登记。由于收入的增加会导致所有者权益的增加，所以收入类账户的结构与所有者权益类账户结构基本相同，收入的增加额登记在“贷方”，收入的减少额（转出额）登记在“借方”。该类账户通常没有期末余额。其结构如表3－13所示。

表3－13

借方　　　收入类账户	贷方
减少额（转出额） …	增加额 …
本期借方发生额	本期贷方发生额

【应用举例】 现以“主营业务收入”为例，说明收入类账户的登记方法，如表3－14所示。

通过对部分账户的具体登记，进一步说明了账户的结构，现将各类账户增减变化在账户中登记的方向说明例示见表3－15。

表3－14

账户名称：主营业务收入　　　　单位：元

年		凭证号数	摘　要	借　方	贷　方	借或贷	余　额
月	日						
	8		销售A产品		13 400	贷	13 400
	16		销售B产品		2 600	贷	16 000
	19		销货退回	6 000		贷	10 000
	31		月末结转	10 000		平	0
	31		本期发生额及期末余额	16 000	16 000	平	0

表3－15

账户借方登记	账户贷方登记
资产增加	资产减少
负债减少	负债增加
所有者权益减少	所有者权益增加
费用、成本增加	费用、成本减少
收入减少	收入增加
资产、成本期末余额	负债、所有者权益期末余额

（三）记账规则

借贷记账法以“有借必有贷，借贷必相等”作为记账规则。采用借贷记账法，对于每项交易、事项，都要在记入一个账户借方的同时，记入另一个账户或几个账户的贷方，或者在记入一个账户的贷方的同时，记入另一个账户或几个账户的借方，而且记入借方的金额必须等于记入贷方的金额。

下面以金桥公司3月份发生的交易或事项为例进行说明。

【例3－1】 3月1日，公司收到某投资者投入的货币资金20 000元，存入银行。

分析：资产类账户“银行存款”增加，应记入“银行存款”账户的借方，同时所有者权益类账户“实收资本”增加，应记入“实收资本”账户的贷方，记入借方的金额与记入贷方的金额相等。记入账户后的情况如表3－16所示。

表3－16

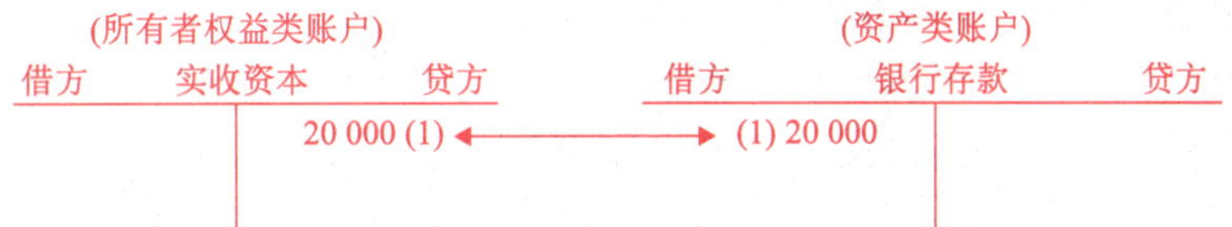

【例3-2】 3月5日，公司以银行存款偿还前欠大华厂货款2 600元，归还其他应付款项1 200元。

分析：资产和负债同时减少，涉及三个账户，应记入资产类“银行存款”账户贷方，同时记入负债类“应付账款”和“其他应付款”账户的借方。记入贷方的金额应与记入借方的金额之和相等。记入账户后的情况如表3-17所示。

表3-17

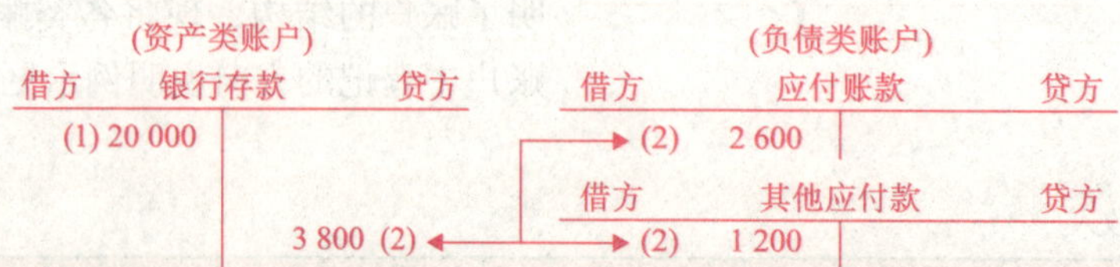

【例3-3】 3月10日，公司将现金3 000元存入银行存款户。

分析：资产类账户“银行存款”和“库存现金”之间发生有增有减的变化，应记入“银行存款”账户的借方和“库存现金”账户的贷方，记入“库存现金”和“银行存款”账户的金额相等。记入账户后的情况如表3-18所示。

表3-18

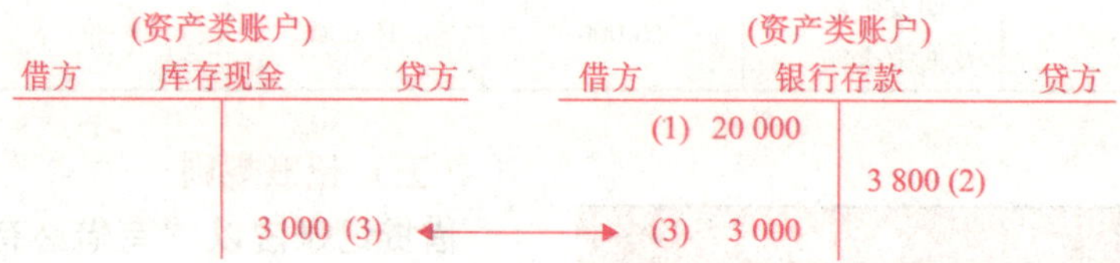

【例3-4】 3月12日，公司从银行取得短期借款6 000元，直接偿还以前欠外单位的货款。

分析：负债增加，应记入“短期借款”账户的贷方，另一项负债减少，应记入“应付账款”账户的借方，同时，记入借方的金额与记入贷方的金额相等。

记入账户后的情况如表3-19所示。

表3-19

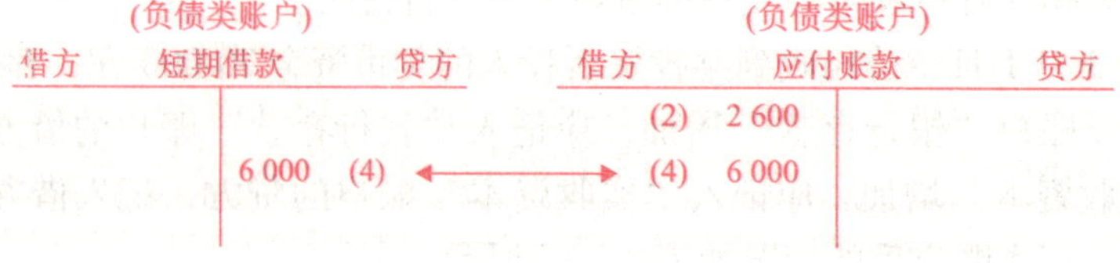

小测试

根据上述账户记录，计算各账户的本期发生额。

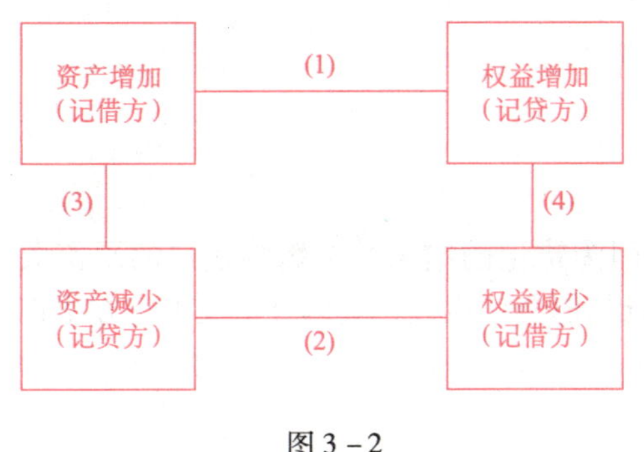

图3－2

以上四项交易或事项，引起资产、权益四种类型的变化都符合“有借必有贷，借贷必相等”的记账规则（见图3－2）。

（四）试算平衡

名词解释

试算平衡是指根据资产与权益的恒等关系以及借贷记账法的记账规则，检查所有账户记录是否正确的一种方法。

由于采用借贷记账法记录业务交易、事项，要求对每一项交易、事项都按照“有借必有贷，借贷必相等”的规则进行记录，记录的数额借方与贷方相等，这样记录的结果，所有账户借方发生额合计数必然与所有账户贷方发生额合计数相等。期末结账后，所有账户的借方余额合计数必然等于所有账户贷方余额合计数，这是由“资产＝负债＋所有者权益”的恒等关系决定的。上述平衡关系可用发生额平衡公式或余额平衡公式表示如下：

发生额平衡公式为：

所有账户本期借方发生额合计数＝所有账户本期贷方发生额合计数

余额平衡公式为：

所有账户期初借方余额合计数＝所有账户期初贷方余额合计数

所有账户期末借方余额合计数＝所有账户期末贷方余额合计数

在实际工作中，频繁的交易、事项需要登记入账，大量登记账户的过程中可能发生用错账户、记错方向、错记金额等问题，这样登记的结果可能会出现借、贷不相等。为了尽可能使分类账提供正确可靠的数据，就有必要对登账结果进行试算，编制试算平衡表。

表3－20　　试算平衡表　　单位：元

账户名称	本期发生额	
	借　方	贷　方
库存现金		3 000
银行存款	23 000	3 800
短期借款		6 000
应付账款	8 600	
其他应付款	1 200	
实收资本		20 000
合　计	32 800	32 800

对账户进行本期发生额试算平衡在会计实际工作中的具体运用，通常是定期将记账凭证（会计分录）进行汇总，编制记账凭证汇总表进行的。仍以金桥公司为例，根据上述4笔交易的账户记录，编制试算平衡表，见表3－20。

会计实务中不仅要按月对总分类账户进行试算平衡，而且对明细分类账户也应该进行试算平衡。明细分类账户试算平衡与总分类账户的试算平衡方法基本相同。

想一想：

账户记录的结果，经过试算平衡了就说明肯定正确，这种说法对吗？

应当指出，试算平衡能够核查出账户的错误，但不能核查出账户记录上的所有错误。比如下列错误就不会影响到借贷平衡：

1. 整笔交易、事项全部漏记；
2. 会计分录中记账方向颠倒；
3. 会计科目用错；
4. 重复登记整笔交易、事项。

这些问题则难以通过账户平衡关系检查出来，因为错记的结果并不影响账户的平衡关系。为了纠正账户记录的这些错误，还必须定期进行其他会计检查。具体查错及更正方法将在第7章介绍。

三、账户对应关系与会计分录

在借贷记账法下，要求对每一项交易、事项都在两个或两个以上账户中进行登记，这样所记账户之间就形成了相互依存关系，这种关系称为“账户的对应关系”。构成对应关系的账户，称为“对应账户”。

前述例3-1至例3-4，4笔交易发生后经分析我们直接记录到有关账户中，但这种方法在会计实践中是行不通的，因为企业每天要发生许多交易、事项，事后要想了解每笔交易的来龙去脉，影响哪些账户之间发生对应关系，需要查遍所有的账户，这将十分困难。为了连续系统地记录资产、负债和所有者权益的变化，清晰地反映各个账户之间的对应关系，交易、事项发生后，应该首先分析每项交易或事项性质内容，将其转换成会计语言，确认应记入的账户、应记金额、应借应贷的方向，然后再记入各有关分类账账户中。

这种指明每笔交易、事项所应记入的账户、应借应贷的方向及金额所做的记录，称为“会计分录”，会计分录简称为“分录”。

注意：会计分录三要素：账户名称、记账方向和金额，三者缺一不可。

对于初学者，会计分录的编制一般可按以下四个步骤进行：

1. 确定每一项交易、事项影响的账户及其性质；
2. 确定受影响的账户是增加还是减少；
3. 根据受影响的账户性质及其增加或减少情况，确定记入该账户的借方还是贷方；
4. 确定借方和贷方金额是否相符。

前三个步骤无论是电算化会计系统还是手工记账会计系统中，都必须经过会计人员分析完成；第四步电算化会计系统可自动检查完成。

记忆方法：

如果某笔交易涉及现金或银行存款，通常首先考虑它对现金或银行存款的影响是增加还是减少？然后再确认对其他账户的影响。

现对本节前面4例的4笔交易、事项编制会计分录如下：

		借方	贷方
（1）	借：银行存款	20 000	
	贷：实收资本		20 000
（2）	借：应付账款	2 600	
	其他应付款	1 200	
	贷：银行存款		3 800

（3）借：银行存款　　3 000
　　　贷：库存现金　　3 000
（4）借：应付账款　　6 000
　　　贷：短期借款　　6 000

上述每笔会计分录都是对该笔交易的完整叙述，如分录（1）“银行存款”借方发生额20 000元，其对应账户就是“实收资本”，这笔分录反映了企业收到投资者投入资本20 000元存入企业银行存款账户的全貌。

会计分录有简单会计分录与复合会计分录之分，**简单会计分录是只涉及两个账户的会计分录**，即一借一贷的会计分录，如上述第（1）、（3）、（4）项会计分录；**复合会计分录，是涉及两个以上账户的会计分录**，即一借多贷、一贷多借或多借多贷，如上述第（2）项会计分录。复合会计分录也可以写成简单会计分录。即：

借：应付账款　　2 600
　贷：银行存款　　2 600
借：其他应付款　　1 200
　贷：银行存款　　1 200

为了清楚地指明账户的对应关系，一般情况下应编制一借一贷，一借多贷或一贷多借的会计分录。在特殊情况下，一项复杂的交易、事项为了完整地反映其来龙去脉也可编制多借多贷的会计分录。

四、对经济业务进行复式记账

我们已经学习和掌握了会计要素之间的平衡关系，现在就按照会计恒等式的原理，采用会计准则规定的会计科目，用借贷记账法对企业发生的交易或事项进行复式记账。

经济业务采用借贷记账法，按照下列顺序进行复式记账：

编制会计分录→登记分类账户（登账）→编制试算平衡表

【登账】
是指将会计分录的借方金额和贷方金额转记到相应账户的过程。

1. 编制会计分录并登记总分类账户。

（1）4月2日，金桥公司以银行存款30 000元购进原材料一批。登记总分类账户见表3-21。

借：原材料　　30 000
　贷：银行存款　　30 000

表3-21

借方　银行存款	贷方
期初余额：230 000	
	30 000（1）

借方　原材料	贷方
期初余额：170 000	
（1）30 000	

（2）4月5日，金桥公司从银行取得短期借款120 000元，用于偿还以前欠外单位货款。登记总分类账户见表3-22。

借：应付账款　　120 000
　贷：短期借款　　120 000

表 3－22

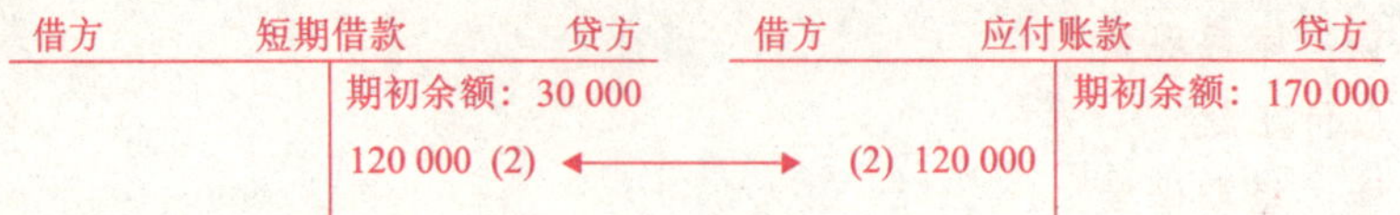

（3）4 月 8 日，金桥公司购入原材料一批，价值 20 000 元。材料已收到，货款未付。登记总分类账户见表 3－23。

借：原材料　　20 000

　　贷：应付账款　　20 000

表 3－23

（4）4 月 15 日，金桥公司以银行存款 60 000 元归还到期的短期借款。登记总分类账户见表 3－24。

借：短期借款　　60 000

　　贷：银行存款　　60 000

表 3－24

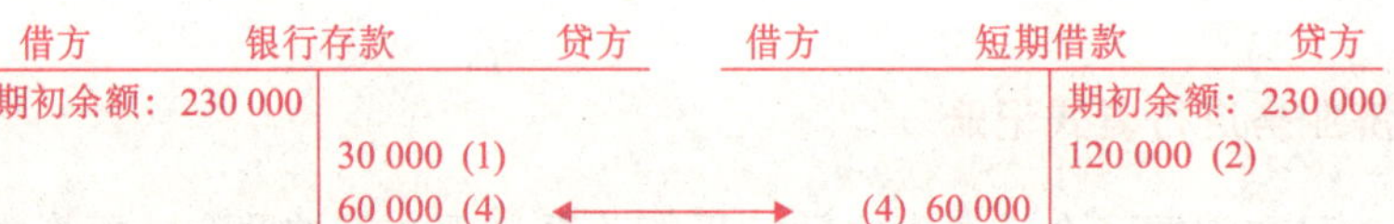

（5）4 月 17 日，收到某投资者投入设备 1 台，价值 100 000 元。登记总分类账户见表3－25。

借：固定资产　　100 000

　　贷：实收资本　　100 000

表 3－25

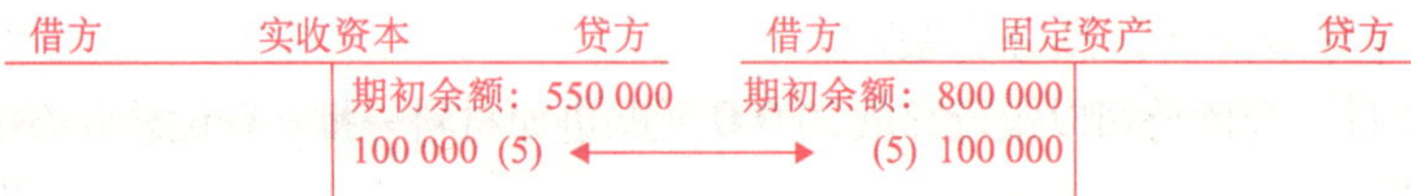

（6）4 月 19 日，将公司的长期借款 50 000 元，经与债权人协商转为投入资本。登记总分类账户见表 3－26。

借：长期借款　　50 000

　　贷：实收资本　　50 000

表 3－26

借方	实收资本	贷方	借方	长期借款	贷方
		期初余额：550 000			期初余额：150 000
		100 000 (5)			
		50 000 (6)	(6) 50 000		

（7）4 月 20 日，公司将 6 万元的盈余公积转作资本金。登记总分类账户见表 3－27。

借：盈余公积　　　　60 000
　　贷：实收资本　　　　60 000

表 3－27

实收资本

借方	贷方
	期初余额：550 000
	100 000 (5)
	50 000 (6)
	60 000 (7)

盈余公积

借方	贷方
	期初余额：200 000
(7) 60 000	

（8）4 月 23 日，金桥公司用银行存款归还某投资者的投入资本 80 000 元。登记总分类账户见表 3－28。

借：实收资本　　　　80 000
　　贷：银行存款　　　　80 000

表 3－28

银行存款

借方	贷方
期初余额：230 000	
	30 000 (1)
	60 000 (4)
	80 000 (8)

实收资本

借方	贷方
	期初余额：550 000
	100 000 (5)
	50 000 (6)
(8) 80 000	60 000 (7)

（9）4 月 28 日，金桥公司按规定分配给投资者 30 000 元利润。登记总分类账户见表 3－29。

借：利润分配　　　　30 000
　　贷：应付利润　　　　30 000

表 3－29

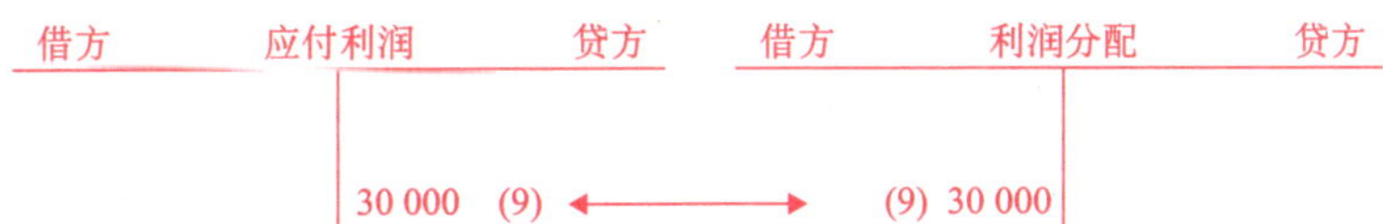

应付利润

借方	贷方
	30 000 (9)

利润分配

借方	贷方
(9) 30 000	

2. 将会计分录登记入账后结出各账户的本期发生额和余额如表 3－30 至表 3－39 所示。

注意：登记入账后划一条直线将登记入账金额与本期发生额及余额区分开。

资产 = 负债 + 所有者权益

会计期初 1 200 000 = 350 000 + 850 000

表 3－30

原材料

借方		贷方	
期初余额：	170 000		
	(1) 30 000		
	(3) 20 000		
本期发生额	50 000	本期发生额	0
期末余额	220 000		

表 3－31

银行存款

借方		贷方	
期初余额：	230 000		
		30 000	(1)
		60 000	(4)
		80 000	(8)
本期发生额	0	本期发生额	170 000
期末余额	60 000		

表 3-32

固定资产

借方		贷方	
期初余额：	800 000		
(5)	100 000		
本期发生额	100 000	本期发生额	0
期末余额	900 000		

表 3-33

应付账款

借方		贷方	
		期初余额：	170 000
(2)	120 000		
		20 000	(3)
本期发生额	120 000	本期发生额	20 000
		期末余额	70 000

表 3-34

短期借款

借方		贷方	
		期初余额	30 000
		(2)	120 000
(4)	60 000		
本期发生额	60 000	本期发生额	120 000
		期末余额	90 000

表 3-35

长期借款

借方		贷方	
		期初余额：	150 000
(6)	50 000		
本期发生额	50 000	本期发生额	0
		期末余额	100 000

表 3-36

实收资本

借方		贷方	
		期初余额：	550 000
		100 000	(5)
		50 000	(6)
(8)	80 000	60 000	(7)
本期发生额	80 000	本期发生额	210 000
		期末余额	680 000

表 3-37

盈余公积

借方		贷方	
		期初余额：	200 000
(7)	60 000		
本期发生额	60 000	本期发生额	0
		期末余额	140 000

表 3-38

应付利润

借方		贷方	
		30 000	(9)
本期发生额	0	本期发生额	30 000
		期末余额	30 000

表 3-39

利润分配

(9)	30 000	期初余额	100 000
本期发生额	30 000	本期发生额	0
		期末余额	70 000

从上述总分类账户登记结果来看，会计期末资产与负债及所有者权益仍然保持平衡。即：

资产 = 负债 + 所有者权益

会计期末 1 180 000 = 290 000 + 890 000

想一想：

该企业会计期末比期初净资产增加了多少？对企业有利吗？

3. 编制试算平衡表（见表 3-40）。

通过试算平衡，全部账户的期初借方余额之和与全部账户期初贷方余额之和相等；全部账户的本期借方发生额之和与全部账户本期贷方发生额之和相等；全部账户期末借方余额之和与全部账户期末贷方余额之和相等，资产类账户与权益类账户的期初、期末余额和本期发

表 3-40　　**试算平衡表**　　单位：元

账户名称	期初余额		本期发生额		期末余额	
	借　方	贷　方	借　方	贷　方	借　方	贷　方
银行存款	230 000			170 000	60 000	
原材料	170 000		50 000		220 000	
固定资产	800 000		100 000		900 000	
短期借款		30 000	60 000	120 000		90 000
应付账款		170 000	120 000	20 000		70 000
应付利润				30 000		30 000
长期借款		150 000	50 000			100 000
实收资本		550 000	80 000	210 000		680 000
盈余公积		200 000	60 000			140 000
利润分配		100 000	30 000			70 000
合　计	1 200 000	1 200 000	550 000	550 000	1 180 000	1 180 000

生额都保持了平衡关系。

五、总分类账户与明细分类账户的平行登记

【平行登记】

就是对每一项交易、事项，既要记入有关的总分类账户，又要记入所属的明细分类账户。

总分类账户与明细分类账户尽管反映经济内容的详细程度不同，但二者核算的内容是相同的，登记的原始依据也是共同的。因此，总分类账户与明细分类账户采取平行登记的方法。

总分类账户与明细分类账户平行登记的要点和方法如下：

1. **依据相同**。对于每一项交易、事项，都要以相关的会计凭证为依据，既要记入有关的总分类账户，又要记入所属的明细分类账户；

2. **期间相同**。对于每一项交易、事项在登记有关总分类账户和所属的明细分类账户时，可以有先后，但必须在同一个会计期间全部登完；

3. **方向相同**。对于每一项交易、事项，记入总分类账户的方向应与记入所属明细分类账户的方向一致。即如果总分类账户的金额记入借方（或贷方），明细分类账户也必须记入借方（或贷方）；

4. **金额相等**。对于每一项交易、事项，记入总分类账户的金额必须与记入所属明细分类账户的金额之和相等。

总分类账户与明细分类账户平行登记结果，二者之间本期发生额及期末余额就形成如下关系：

总分类账户期初借（或贷）方余额＝所属明细分类账户期初借（或贷）方余额之和

总分类账户本期借（或贷）方发生额＝所属明细分类账户本期借（或贷）方发生额之和

总分类账户期末借（或贷）方余额＝所属明细分类账户期末借（或贷）方余额之和

【应用举例】

下面以“应付账款”和“原材料”两个账户为例，说明总分类账与明细分类账平行登记的方法。

大华公司6月初“应付账款”账户的贷方余额是10 000元，其中：应付国泰公司4 000元，应付金桥公司6 000元。“原材料”账户的借方余额是30 000元，其中：甲材料250千克，单价80元，计20 000元；乙材料250千克，单价40元，计10 000元（假设不考虑相关税金）。

本月，大华公司发生下列交易、事项：

6月5日，从国泰公司购进甲材料500千克，单价80元，价款40 000元；从金桥公司购进乙材料800千克，单价40元，价款32 000元。材料已验收入库，货款尚未支付。编制会计分录如下：

借：原材料——甲材料　　40 000
　　　　　——乙材料　　32 000
　贷：应付账款——国泰公司　　40 000
　　　　　　——金桥公司　　32 000

6月8日，生产A产品领用甲材料250千克，单价80元。领用乙材料200千克，单价40元。编制会计分录如下：

借：生产成本——A产品　　28 000
　贷：原材料——甲材料　　20 000
　　　　　　——乙材料　　8 000

6月16日，以银行存款归还前欠国泰公司材料款4万元，归还金桥公司材料款12 000元。编制会计分录如下：

借：应付账款——国泰公司　　40 000
　　　　　　——金桥公司　　12 000
　贷：银行存款　　52 000

根据上述会计分录，在总分类账户和明细分类账户中进行平行登记见表3－41至表3－46所示。

表3－41　　　　总　分　类　账

账户名称：原材料　　　　单位：元

××年		凭证号数	摘要	借方	贷方	借或贷	余额
月	日						
6	1		期初余额			借	30 000
	5	1	材料入库	72 000		借	102 000
	8	2	生产领料		28 000	借	74 000
	31		本月合计	72 000	28 000	借	74 000

表 3-42 原材料明细分类账

类别：甲材料　　品名　　规格（略）　　单位：千克

××年		凭证号数	摘要	收入			发出			结存		
月	日			数量	单价	金额	数量	单价	金额	数量	单价	金额
6	1		期初结存							250	80	20 000
	5	1	购入	500	80	40 000				750	80	60 000
	8	2	生产领用				250	80	20 000	500	80	40 000
	31		本月合计	500	80	40 000	250	80	20 000	500	80	40 000

表 3-43 原材料明细分类账

类别：乙材料　　品名　　规格（略）　　单位：千克

××年		凭证号数	摘要	收入			发出			结存		
月	日			数量	单价	金额	数量	单价	金额	数量	单价	金额
6	1		期初结存							250	40	10 000
	5	1	购入	800	40	32 000				1 050	40	42 000
	8	2	生产领用				200	40	8 000	850	40	34 000
	31		本月合计	800	40	32 000	200	40	8 000	850	40	34 000

表 3-44 总分类账户

账户名称：应付账款　　单位：元

××年		凭证号数	摘要	借方	贷方	借或贷	余额
月	日						
6	1		期初余额			贷	10 000
	5	1	购料欠款		72 000	贷	82 000
	16	3	偿还货款	52 000		贷	30 000
	31		本月合计	52 000	72 000	贷	30 000

表 3-45 应付账款明细账

明细科目：国泰公司　　单位：元

××年		凭证号数	摘要	借方	贷方	借或贷	余额
月	日						
6	1		期初余额			贷	4 000
	5	1	购料欠款		40 000	贷	44 000
	16	3	偿还货款	40 000		贷	4 000
	31		本月合计	40 000	40 000	贷	4 000

表 3－46　　应付账款明细账

明细科目：金桥公司　　单位：元

××年		凭证号数	摘　要	借　方	贷　方	借或贷	余　额
月	日						
6	1		期初余额			贷	6 000
	5	1	购料欠款		32 000	贷	38 000
	16	3	偿还货款	12 000		贷	26 000
	31		本月合计	12 000	32 000	贷	26 000

总分类账户与所属明细分类账户采取了平行登记方法，登记的结果对不对，是否平衡，需要通过编制“本期发生额及余额表”（见表 3－47、表 3－48）来进行试算。

表 3－47　　“原材料”明细账户本期发生额及余额表

单位：元

账户名称	计量单位	单价	期初余额		本期发生额				期末余额	
			数量	金额	收　入		发　出		数量	金额
					数量	金额	数量	金额		
甲材料	千克	80	250	20 000	500	40 000	250	20 000	500	40 000
乙材料	千克	40	250	10 000	800	32 000	200	8 000	850	34 000
合计				30 000		72 000		28 000		74 000

表 3－48　　“应付账款”明细账户本期发生额及余额表　　单位：元

明细账户	期初余额		本期发生额		期末余额	
	借方	贷方	借方	贷方	借方	贷方
国泰公司		4 000	40 000	40 000		4 000
金桥公司		6 000	12 000	32 000		26 000
合计（总账）		10 000	52 000	72 000		30 000

通过这两种平衡关系的试算，可以查明总分类账户与明细分类账户平行登记是否正确、完整。如果发现不平衡，应立即查明原因予以更正。

请思考：平行登记的公式与试算平衡的公式有何区别？

知识检测

一、单项选择题

1. 运用借贷记账法登记账户时，有关账户之间存在着（　　）。
   A. 统驭关系　　B. 对应关系
   C. 从属关系　　D. 控制关系

2. “借”、“贷”作为记账符号所表示的含义是（　　）。
A. 记账方向　　B. 借款和贷款
C. 债权和债务　　D. 平衡关系
3. 下列账户中，在会计期末一般没有余额的账户是（　　）。
A. 应付账款　　B. 财务费用
C. 利润分配　　D. 实收资本
4. 在复合会计分录“借：原材料 50 000；贷：银行存款 30 000，贷：应付账款 20 000”中，“银行存款”账户的对应账户是（　　）。
A. “应付账款”　　B. “银行存款”
C. “原材料”　　D. “原材料”和“银行存款”
5. “生产成本”账户的期末余额反映（　　）。
A. 销售成本　　B. 在产品成本
C. 经营成本　　D. 半成品
6. 账户的对应关系是指（　　）。
A. 借贷必相等　　B. 账户平行登记
C. 账户之间的相互依存关系　　D. 总账与所属明细账的关系
7. 如果全部账户的借方余额等于全部账户的贷方余额，那就说明账户记录（　　）。
A. 完全正确　　B. 不正确
C. 不一定正确　　D. 基本正确
8. 借贷记账法的试算平衡公式是（　　）。
A. 每个账户借方发生额等于每个账户贷方发生额
B. 所有账户借方期末余额合计等于所有账户贷方期末余额合计
C. 所有资产类账户借方发生额合计等于所有权益账户借方发生额合计
D. 所有资产类账户借方发生额合计等于所有权益类账户贷方发生额合计
9. 下列会计分录中属于简单会计分录的是（　　）。
A. 一借一贷的会计分录　　B. 一借多贷的会计分录
C. 一贷多借的会计分录　　D. 多借多贷的会计分录
10. 把账户分为借贷两方，哪一方记增加金额，哪一方记减少金额，是根据（　　）。
A. 采用什么记账形式所判定的
B. 采用什么核算方法所决定的
C. 账户所反映的经济内容即账户的性质所决定的
D. 增加数记借方减少数记贷方
11. 对会计要素的详细分类称为（　　）。
A. 会计科目　　B. 会计原则
C. 会计要素　　D. 会计方法
12. 企业期初资产总额 100 万元，本期接受投资 30 万元，偿还负债 10 万元，收回欠款 5 万元，则期末的资产总额应为（　　）。
A. 120 万元　　B. 110 万元
C. 125 万元　　D. 130 万元
13. 假如某账户本期期初余额为 5 000 元，本期期末余额为 7 000 元，本期减少发生额为 8 000 元，则该账户本期增加发生额为（　　）。

A. 4 000　　B. 10 000

C. 6 000　　D. 12 000

14. 我国目前采用的复式记账法是（　　）。

A. 增减记账法　　B. 收付记账法

C. 借贷记账法　　D. 单式记账法

15. 下列错误中，能够通过试算平衡查找的是（　　）。

A. 重记交易、事项　　B. 漏记交易、事项

C. 会计分录中借贷方向颠倒　　D. 借贷金额不等

16. 总分类科目和明细分类科目，是按照反映会计信息的（　　）程度进行的分类。

A. 内容　　B. 用途

C. 结构　　D. 详细

17. 借贷记账法下，采用发生额试算平衡法时，试算平衡公式是（　　）。

A. 全部账户借方发生额合计等于全部账户贷方发生额合计

B. 每个账户借方发生额合计等于该账户贷方发生额合计

C. 全部资产类账户借方发生额合计等于全部负债类账户贷方发生额合计

D. 全部资产类账户借方发生额合计等于全部所有者权益账户贷方发生额合计

18. 借贷记账法下的余额平衡是由（　　）决定的。

A. “有借必有贷，借贷必相等”的记账规则

B. 账户的结构

C. “资产 = 权益”的会计等式

D. 平行登记要点

二、多项选择题

1. 在下列项目中，属于会计账户金额要素的有（　　）。

A. 本期借方发生额　　B. 本期贷方发生额

C. 期初余额　　D. 期末余额

2. 下列会计科目属于成本类会计科目的有（　　）。

A. “原材料”　　B. “库存商品”

C. “制造费用”　　D. “生产成本”

3. 下列项目中，属于损益类会计科目的有（　　）。

A. “固定资产”　　B. “利润分配”

C. “管理费用”　　D. “投资收益”

4. 下列会计分录中属于复合会计分录的有（　　）。

A. 一借一贷的会计分录　　B. 一借多贷的会计分录

C. 一贷多借的会计分录　　D. 多借多贷的会计分录

5. 账户借方登记增加额的有（　　）。

A. 资产　　B. 负债

C. 成本　　D. 费用

6. 下例属于负债类账户的有（　　）。

A. “应付职工薪酬”　　B. “应收票据”

C. “管理费用”　　D. “长期借款”

7. 下例属于所有者权益账户的有（　　）。

A. “无形资产”　　B. “盈余公积”

C. “管理费用”　　D. “本年利润”

8. 交易、事项发生后，编制的会计分录是要指明（　　）。

A. 交易、事项的性质　　B. 应记入的账户名称

C. 应借或应贷的方向　　D. 应记入的金额

9. 总分类账户和明细分类账户平行登记的要点概括为（　　）

A. 登记的依据相同　　B. 登记会计期间相同

C. 记账的方向相同　　D. 登记的金额相等

10. 下列会计科目中，属于资产类科目的有（　　）。

A. “预付账款”　　B. “应收账款”

C. “预收账款”　　D. “其他应收款”

11. 下列会计科目中，属于负债类科目的有（　　）。

A. “短期借款”　　B. “预付账款”

C. “应付账款”　　D. “应交税费”

12. 下列会计科目中，属于所有者权益类科目的有（　　）。

A. “盈余公积”　　B. “投资收益”

C. “本年利润”　　D. “利润分配”

13. 下列项目中，增加用“贷”表示的会计要素为（　　）。

A. 资产　　B. 负债

C. 所有者权益　　D. 收入

14. 会计账户结构一般应包括的内容有（　　）。

A. 账户名称　　B. 日期、摘要

C. 凭证编号　　D. 增加、减少金额及余额

15. 下列各项中，属于企业债权的有（　　）。

A. 应收账款　　B. 应付账款

C. 预收账款　　D. 预付账款

16. 根据借贷记账法的账户结构，账户贷方登记的内容有（　　）。

A. 收入的增加　　B. 所有者权益的增加

C. 资产的增加　　D. 负债的增加

17. 交易、事项的发生，一方面引起资产项目增加，另一方面还可能引起（　　）。

A. 负债项目增加　　B. 负债项目减少

C. 所有者权益增加　　D. 所有者权益减少

18. 下列账户中，期末结转后应无余额的账户有（　　）。

A. “主营业务收入”　　B. “主营业务成本”

C. “实收资本”　　D. “待摊费用”

19. 会计分录的形式可以有（　　）。

A. 一借一贷　　B. 一借多贷

C. 一贷多借　　D. 多借多贷

20. 下列属于会计科目中的总分类科目的有（　　）。

A. “货币资金”　　B. “原材料”

C. “库存商品”　　D. “未分配利润”

实操训练

实训一：

［目的］熟悉账户的分类。

［资料］某厂资料如下：

1. 企业的厂房及机器设备；
2. 仓库储存的材料；
3. 企业持有的库存现金；
4. 企业存在银行的存款；
5. 企业拥有的专利权价值；
6. 企业用闲置资金购入的股票；
7. 企业购买办公用品费；
8. 企业应付职工的工资；
9. 企业应付采购材料款；
10. 企业为销售产品发生的广告费；
11. 企业从银行取得的短期借款；
12. 企业由利润中提取的公积金。

［要求］分析上述项目的内容应在哪些账户中反映，写出账户的名称。

实训二

［目的］熟悉借贷记账法及试算平衡。

［资料］

1. 某企业10月初拥有资产总额300 000元，有关资料见下表。

资产类账户	借方余额	权益类账户	贷方余额
库存现金	20 000	应付账款	40 000
银行存款	60 000	短期借款	50 000
应收账款	35 000	实收资本	150 000
原材料	35 000	资本公积	20 000
库存商品	50 000	盈余公积	40 000
固定资产	80 000		
无形资产	20 000		
合计	300 000	合计	300 000

2. 该企业10月份发生以下交易、事项：

(1) 5日，收到某单位投资的一项非专利技术，价值50 000元。

(2) 8日，收到丙单位归还的前欠货款20 000元，存入银行。

(3) 12日，以银行存款归还短期借款30 000元。

(4) 25日，购入某项设备，价值40 000元，银行存款支付。

(5) 26日，将现金10 000元送存银行。

第4单元

主要经济业务的核算

单元重点：
- □ 筹集资金过程会计确认记录
- □ 材料采购过程会计确认记录
- □ 生产过程会计确认记录
- □ 销售过程会计确认记录
- □ 结转收入和费用
- □ 计算营业利润、利润总额和净利润

第一节　筹集资金的核算

一、筹集资金核算内容

企业进行生产经营所需要的资金主要来源于两个渠道：一是所有者投入的资金；二是从债权人借入的资金。

1. 投资者将资金投入企业，就对企业资产产生要求权，从而形成企业所有者权益。企业投资者包括国家、法人单位、个人和外商。投资可以采取货币资金、实物资产及无形资产等形式。投资者投入的资本，是企业在工商行政管理部门注册登记的资本金。

2. 债权人将资金借给企业，就对企业资产产生要求权，从而形成企业负债。企业借入的资金主要是从银行或其他金融机构取得的各种短期借款和长期借款。

二、投入资本的核算

（一）账户设置

为了记录筹集资金过程发生的交易或事项，应设置以下账户：

1. “实收资本”账户。该账户属于所有者权益类账户，用于核算企业接受投资者投入企业资本的增减变动情况。贷方登记实际收到的投资额；借方登记按规定程序减少的资本数额；期末贷方余额表示企业实有的资本数额。该账户应按投资人设置明细账户，进行明细核算。“实收资本”账户结构如表4－1所示。

2. “资本公积”账户。该账户属于所有者权益类账户，用以核算企业收到投资者出资超出其在注册资本所占份额的部分，如资本溢价。贷方登记企业资本公积增加数额；借方登记企业资本公积减少数额；期末贷方余额为企业资本公积结余数额。为了反映各类不同性质的资本公积的增减变动情况，该账户应当分别设置“资本溢价”明细账户，进行明细核算。“资本公积”账户结构如表4－2所示。

表4－1

借方　　实收资本	贷方
减少的资本数额	实际收到的投资额
	实有的资本数额

表4－2

借方　　资本公积	贷方
减少数额	增加数额
	结余数额

（二）账务处理

【例4－1】 12月1日，新元公司收到大华厂投资500 000元，存入银行。

分析：新元公司收到大华厂投入资本，使实收资本增加，应按实际投资数额记入“实收资本”账户的贷方；由于款项已存银行，使银行存款增加，应记在“银行存款”账户的借方。

借：银行存款　　500 000

　　贷：实收资本　　500 000

【例4－2】 12月3日，新元公司收到联营单位正大公司投入全新的设备一台，价值300 000元；投入专利权一项价值600 000元。双方协商占新元公司注册资本800 000元。

分析：正大公司投入设备属于固定资产，专利权属于无形资产，这两项资产增加，应记入“固定资产”、“无形资产”账户的借方；同时按双方协议约定所占注册资本的数额增加实收资本，应记入“实收资本”账户的贷方；其差额作为资本溢价，应记入“资本公积”账户的贷方。

借：固定资产　　300 000

　　无形资产　　600 000

　　贷：实收资本　　800 000

　　　　资本公积　　100 000

“固定资产”账户属于资产类账户，用于核算企业持有固定资产原价的增减变动情况。借方登记增加的固定资产原价；贷方登记减少的固定资产原价；期末借方余额表示企业固定资产的账面原价。“固定资产”账户结构如表4－3所示。

“无形资产”账户属于资产类账户，用于核算企业的专利权、商标权、著作权、非专利技术等无形资产的增减变动情况。借方登记无形资产的增加额；贷方登记无形资产的减少额；期末借方余额表示无形资产的成本。“无形资产”账户结构如表4－4所示。

表 4-3

借方	固定资产 贷方
增加的固定资产原价	减少的固定资产原价
固定资产的账面原价	

表 4-4

借方	无形资产 贷方
无形资产的增加额	无形资产的减少额
无形资产的成本	

【例 4-3】 12 月 8 日，新元公司经批准，将 30 000 元资本公积转增注册资本。

分析：公司以资本公积转增注册资本，使新元公司资本公积减少，实收资本增加，应以实际金额记入“资本公积”账户的借方和“实收资本”账户的贷方。

借：资本公积　　30 000

　　贷：实收资本　　30 000

三、借入资金的核算

（一）账户设置

1. “短期借款”账户。该账户属于负债类账户，用于核算企业向银行或其他金融机构借入的期限在一年内的各种借款的借入及偿还情况。贷方登记取得借款的本金数额；借方登记偿还借款的本金数额；期末余额在贷方，表示尚未偿还的借款本金数额。该账户应按照债权人设置明细账户，并按借款种类进行明细核算。“短期借款”账户结构如表 4-5 所示。

2. “长期借款”账户。该账户属于负债类账户，用于核算企业向银行或其他金融机构借入的期限在一年以上的各种借款的取得及偿还情况。贷方登记取得各种长期借款本金，借方登记偿还的各种长期借款本金，期末余额在贷方表示企业期末尚未偿还的长期借款。该账户应按债权人和贷款种类设置明细账户，进行明细核算。“长期借款”账户结构如表 4-6 所示。

表 4-5

借方	短期借款 贷方
偿还借款的本金数额	取得借款的本金数额
	尚未偿还借款的本金数额

表 4-6

借方	长期借款 贷方
偿还借款的本金及利息	取得借款本金及利息
	尚未偿还的长期借款

（二）账务处理

【例 4-4】 12 月 8 日，新元公司从银行借入期限为 6 个月的借款 200 000 元，款项存入银行。

分析：由于期限为 6 个月的借款属于短期借款，且借款已存入银行，故使银行存款和短期借款同时增加。应记入“银行存款”账户的借方和“短期借款”账户的贷方。

借：银行存款　　200 000

　　贷：短期借款　　200 000

【例 4-5】 12 月 10 日，新元公司向银行借入期限为 5 年的借款 80 万元，用于购置生产设备，款项已存入银行。

分析：由于期限为 5 年的借款属于长期借款，故使银行存款和长期借款同时增加，应记入“银行存款”账户的借方和“长期借款”账户的贷方。

借：银行存款　　800 000

　　贷：长期借款　　800 000

以上（12月1日至12月10日）新元公司的筹集资金业务会计核算，账户对应关系如图4－1所示。

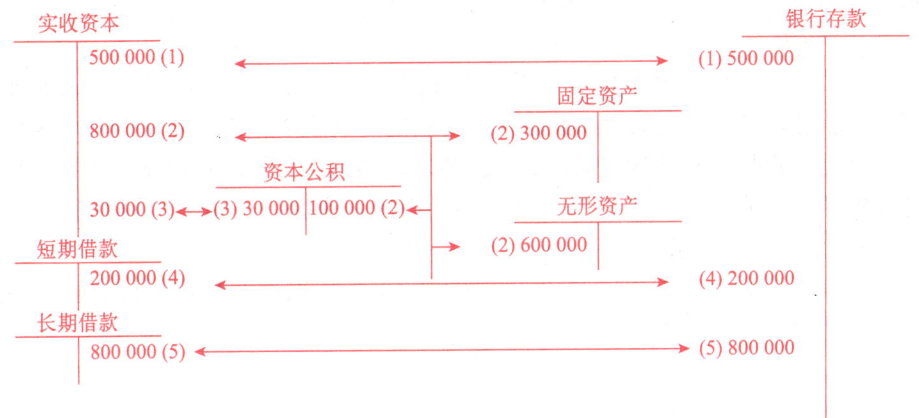

图4－1

小测试

假设新元公司刚开始设立，经过上述筹资，公司资产总额为多少？权益总额为多少？其中有多少是属于所有者权益、多少属于企业的负债？

第二节　材料采购的核算

一、材料采购核算的内容

材料采购是企业在供应过程中发生的主要交易或事项，企业以货币资金购买各种原材料作为生产储备，以保证生产需要。从购买材料到验收入库，这一过程需要确认记录的主要内容有：确认计算材料采购的成本，与供货单位办理价款结算，材料验收入库等。

相关链接：

材料采购成本应包括购买价和采购费用（相关税费、运输费、装卸费、保险费以及其他可归属于存货采购成本的费用）。

二、材料采购的核算

材料是企业的一项重要流动资产，具有实物形态，经常处于不断的耗用和重置之中，容易丢失破损。因此，必须建立健全材料收发手续制度，加强管理，从价值和实物两方面做好材料采购过程的会计核算。

（一）账户设置

1. “在途物资”账户。该账户属于资产类账户，用于核算企业采用实际成本进行材料日常核算，货款已付尚未到达或尚未验收入库材料的采购成本。借方登记企业购入材料的采购成本；贷方登记验收入库材料的采购成本；期末余额在借方，反映企业已付款，尚未验收入库在途材料的采购成本。该账户应按物资品种设置明细账户，进行明细核算。“在途物资”账户结构如表4－7所示。

2. “原材料”账户。该账户属于资产类账户，用于核算库存各种材料的收发与结存情况。在原材料按实际成本计价核算时，借方登记入库材料的实际成本；贷方登记发出材料的实际成本；期末余额在借方，反映企业库存材料的实际成本。该账户应按材料类别、品种及规格设置明细账户，进行明细核算。“原材料”账户结构如表4－8所示。

表4－7

借方　　　　在途物资	贷方
购入材料的采购成本	验收入库材料的采购成本
尚未入库的在途材料采购成本	

表4－8

借方　　　　原材料	贷方
入库材料的实际成本	发出材料的实际成本
库存材料的实际成本	

3. “应交税费”账户。该账户属于负债类账户，用于核算企业按照税法规定计算应缴纳的各种税费，包括增值税、营业税、所得税、城市维护建设税、教育费附加等。贷方登记应缴纳的各种税费等；借方登记实际缴纳的税费；余额在贷方，表示企业尚未缴纳的税费，如果余额在借方，表示多缴或尚未抵扣的税金。该账户应按照应交税费的种类设置明细账户，进行明细核算。“应交税费”账户结构如表4－9所示。

为了核算企业应交增值税的发生、缴纳、退税及转出等情况，应在“应交税费”账户下设置“应交增值税”明细账户。“应交增值税”明细账户的借方发生额，反映企业购进货物或接受应税劳务支付的进项税额和实际已缴纳的增值税额等；贷方发生额，反映销售货物或提供应税劳务时向购货方收取的销项税款；期末余额在贷方，表示企业尚未缴纳的增值税，期末如为借方余额，反映企业尚未抵扣的增值税进项税额。“应交税费——应交增值税”账户分别设置“进项税额”、“已交税金”、“销项税额”、“进项税额转出”、“出口退税”等专栏进行明细核算。“应交税费——应交增值税”账户结构如表4－10所示。

表4－9

借方　　　　应交税费	贷方
实际缴纳的税费	应缴纳的各种税费
	尚未缴纳的税费

表4－10

借方　　　　应交税费——应交增值税	贷方
采购材料时支付的进项税额及已缴纳的税金	销售商品时收取的销项税额
尚未抵扣的进项税额	尚未缴纳的税额

（二）账务处理

【例4－6】 12月5日，新元公司从正兴公司购进甲材料一批，取得的增值税专用发票上记载的货款为10 000元，增值税1 700元，另付运杂费200元，全部款项已用银行存款支付，材料运到并验收入库。

分析：公司购入的材料已运到并验收入库，应按材料的买价和运杂费共计11 900元构成材料采购成本，记入“原材料”账户的借方；同时支付的增值税进项税额记入“应交税费——应交增值税（进项税额）”账户的借方；由于款项已用银行存款支付，应记“银行存款”账户的贷方。

借：原材料——甲材料　　10 200
　　应交税费——应交增值税（进项税额）　　1 700
　　贷：银行存款　　11 900

注意：小规模纳税人以及购入材料不能取得增值税专用发票的，发生的增值税计入材料采购成本。

【例4－7】 12月6日，新元公司从旺林公司购进乙材料一批，增值税专用发票上记载的货款为50 000元，增值税8 500元，价款尚未支付，材料运到并验收入库。

分析：新元公司购进乙材料的买价50 000元，应计入“原材料”账户的借方；进项税额8 500元，应记入“应交税费——应交增值税（进项税额）”账户的借方；由于款项尚未支付，使企业负债增加，应记入“应付账款”账户的贷方。

借：原材料——乙材料　　50 000
　　应交税费——应交增值税（进项税额）　　8 500
　　贷：应付账款——旺林公司　　58 500

“应付账款”属于负债类账户，用于核算企业因购买材料、商品或接受劳务供应等经营活动应支付给供应单位的款项。贷方登记企业购买材料、商品或接受劳务等发生的应付款项；借方登记已偿还的款项；该账户期末余额一般在贷方，表示尚未偿还的应付款项。该账户一般应该按供应单位设置明细账户，进行明细核算。“应付账款”账户结构如表4－11所示。

表4－11

借方　　应付账款	贷方
偿还供应单位的款项	应付供应单位款项
	尚未偿还的应付款项

想一想：

新元公司偿还旺林公司上项货款时应如何做会计处理？

【例4－8】 12月6日，新元公司从正兴公司购进甲材料一批，增值税专用发票上记载的货款为20 000元，增值税3 400元。对方代垫运杂费300元，款项以银行存款支付，材料尚未运到。

分析：公司购入甲材料的买价和运杂费共计20 300元，记入“在途物资”账户的借方，同时支付的增值税3 400元记入“应交税费——应交增值税（进项税额）”账户的借方；支付的款项记入“银行存款”账户的贷方。

借：在途物资　　20 300

应交税费——应交增值税（进项税额） 3 400

贷：银行存款 23 700

【例4－9】 12月8日，从正兴公司购进的甲材料运到，并验收入库。

分析：甲材料验收入库，使原材料增加，应按实际成本20 300元记入“原材料”账户的借方；减少在途物资，应记入“在途物资”账户的贷方。

借：原材料——甲材料 20 300

贷：在途物资 20 300

【例4－10】 12月8日，新元公司按合同约定，为购买乙材料以银行存款37 000元预付理达公司货款。

分析：因购买乙材料预付理达公司货款，预付的货款仍是企业的资产，应记入“预付账款”账户的借方；同时预付货款使公司银行存款减少，应记入“银行存款”账户的贷方。

借：预付账款——理达公司 37 000

贷：银行存款 37 000

“预付账款”属于资产类账户，用于核算企业按照购货合同规定预付给供应单位的款项。借方登记按照合同规定预付和补付的款项；贷方登记收到所购货物和退回多付的款项；期末余额一般在借方，表示企业实际预付的款项，期末如为贷方余额，表示企业尚未补付的款项。该账户应按供应单位或个人设置明细账户，进行明细核算。“预付账款”账户结构如表4－12所示。

表4－12

借方	预付账款 贷方
预付给供应单位的货款和补付的款项	收到所购货物和退回多付的款项
实际预付的款项	

【例4－11】 10日，新元公司8日预付理达公司货款，乙材料已运到，增值税专用发票上记载的货款为30 000元，增值税5 100元，供货方代垫运杂费500元。

分析：新元公司购进乙材料的买价和运杂费共计30 500元，应记入“原材料”账户的借方，增值税5 100元，应记入“应交税费——应交增值税（进项税额）”的借方；由于公司以前已预付了货款，乙材料运到时冲减预付账款35 600元，应记入“预付账款”账户的贷方。

借：原材料——乙材料 30 500

应交税费——应交增值税（进项税额） 5 100

贷：预付账款——理达公司 35 600

想一想：

新元公司与理达公司这项交易发生后，预付账款明细账余额还有多少？如何结清该项往来？

【例4－12】 12月10日，新元公司以银行存款偿还欠旺林公司货款58 500元。

分析：因购买乙材料欠旺林公司货款，用银行存款偿还，应记入“银行存款”账户的贷方，“应付账款”账户的借方。

借：应付账款——旺林公司 58 500

贷：银行存款 58 500

上述例 4 -6 至例 4 -12 材料采购过程的会计核算，账户对应关系如图 4 -2 所示。

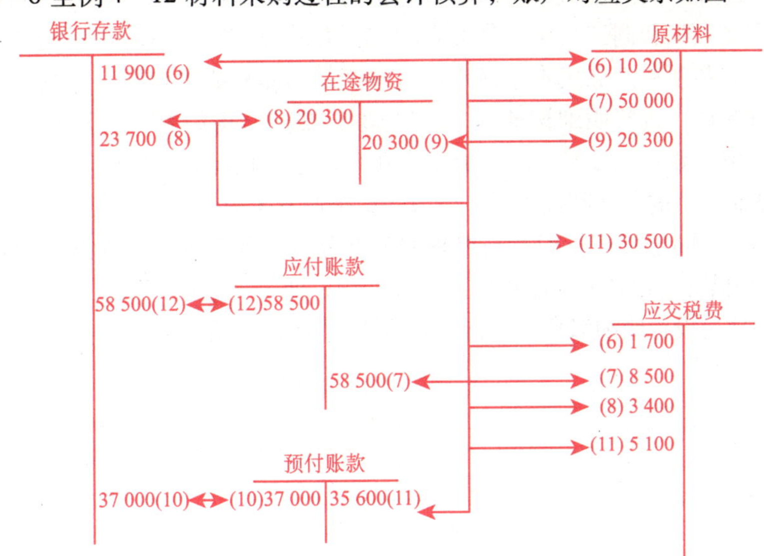

图 4 -2

想一想：

图 4 -2 表明的各组账户对应关系描述了哪些交易或事项？

第三节　产品生产的核算

一、产品生产核算的内容

工业企业产品生产过程是连接供应和销售过程的中心环节，产品生产过程也是生产耗费过程。在生产过程中，人们利用机器设备等劳动工具对各种材料进行加工，生产出符合社会需求的产品。企业进行产品生产而消耗的材料、人工和机器设备等固定资产的磨损以及其他各项生产耗费，构成了企业的生产费用。将生产费用归集到一定种类和数量的产品上时，便形成产品的制造成本。对于不能计入产品制造成本的管理费用、财务费用、销售费用作为期间费用，直接计入当期损益。产品生产核算的主要内容是对生产耗费进行归集和分配，以及对产品制造成本的计算与结转。

二、产品生产的核算

（一）账户设置

1. “生产成本”账户。该账户属于成本类账户，用于核算企业进行工业性生产发生的各项生产成本，计算产品的制造成本。借方登记为进行产品生产所发生的各项生产费用，包括直接材料、直接人工和制造费用；贷方登记完工并验收入库产品的实际成本；期末借方余额反映尚未完工的各项在产品成本。该账户应按产品的品种或类别设置明细账户，并按规定的成本项目设置专栏，进行明细核算。“生产成本”账户结构如表 4－13 所示。

2. “制造费用”账户。该账户属于成本类账户，用于核算企业生产车间（部门）为生产产品和提供劳务而发生的各项间接费用。借方登记企业发生的各项间接费用，包括车间管理人员的工资和福利费，固定资产折旧费与修理费、办公费、水电费等；贷方登记企业分配转入“生产成本”账户借方应由各种产品负担的间接费用；期末无余额。该账户应按不同的生产车间、部门和费用项目设置明细账户，进行明细核算。“制造费用”账户结构如表 4－14 所示。

表 4－13

借方　　　生产成本	贷方
直接材料、直接人工、制造费用	完工入库产品的成本
尚未完工的在产品成本	

表 4－14

借方　　　制造费用	贷方
归集车间或部门发生的各项间接费用	分配转入“生产成本”账户的间接费用

3. “管理费用”账户。该账户属于损益类账户，用于核算企业行政管理部门为组织和管理生产经营活动而发生的各项其他费用，包括企业在筹建期间发生的开办费、行政管理部门职工薪酬、固定资产折旧费、修理费、办公费、水电费、差旅费等。借方登记企业发生的各项管理费用；贷方登记期末转入“本年利润”的管理费用；结转后该账户无余额。该账户应按管理费用的费用项目设置明细账户或按费用项目设置专栏，进行明细核算。“管理费用”账户结构如表4－15所示。

4. “财务费用”账户。该账户属于损益类账户，用于核算企业为筹集生产经营所需资金而发生的筹资费用，包括利息支出（减利息收入）、汇兑损益及银行相关手续费等。借方登记企业发生的各项财务费用；贷方登记期末转入“本年利润”的财务费用；结转后该账户无余额。该账户应按财务费用的费用项目设置明细账户，进行明细核算。“财务费用”账户结构如表 4－16 所示。

表 4－15

借方　　　管理费用	贷方
企业发生的各项管理费用	期末转入“本年利润”的管理费用

表 4－16

借方　　　财务费用	贷方
企业发生的各项财务费用	期末转入“本年利润”的财务费用

5. “库存商品”账户。该账户属于资产类账户，用于核算企业库存的各种商品的实际成本（或进价）。其借方登记验收入库商品的实际成本；贷方登记发出商品的实际成本；期末余额在借方，表示各种库存商品的实际成本。该账户应按商品的类别、品种及规格设置明细账户，进行明细核算。“库存商品”账户结构如表 4－17 所示。

表 4－17

借方　　　库存商品	贷方
验收入库商品的实际成本	发出商品的实际成本
库存商品的实际成本	

（二）账务处理

【例4－13】 12月10日，新元公司仓库发出下列材料（根据领料单汇总），见表4－18。

表4－18

金额单位：元

材料名称	单位	数量	单价	金额	用途
甲材料	千克	2 500	5.10	12 750	制造A产品
乙材料	千克	5 000	1.18	5 900	制造B产品
丙材料	个	25	6.00	150	车间一般耗用
丁材料	个	50	20.00	1 000	管理部门耗用
合 计				19 800	

分析：仓库发出材料使库存材料减少，应记入“原材料”账户的贷方，同时应分别按不同的用途记入相应账户的借方，为制造产品而耗用的直接材料费用应记入“生产成本”账户的借方；车间一般耗用的材料，应记入“制造费用”账户的借方；公司行政管理部门耗用的材料，应记入“管理费用”账户的借方。

借：生产成本——A产品　12 750
　　　　　　——B产品　5 900
　　制造费用　150
　　管理费用　1 000
　　贷：原材料——甲材料　12 750
　　　　　　　——乙材料　5 900
　　　　　　　——丙材料　150
　　　　　　　——丁材料　1 000

【例4－14】 12月13日，公司行政管理部门购买办公用品1 500元，用银行存款支付。

分析：公司以银行存款购买办公用品，使得行政管理部门的办公费增加1 500元，应记入“管理费用”账户的借方；同时银行存款减少1 500元，应记入“银行存款”账户的贷方。

借：管理费用　1 500
　　贷：银行存款　1 500

【例4－15】 12月14日，公司以银行存款支付本月水电费2 800元，其中属于生产车间使用的水电费1 850元；属于公司行政管理部门使用的水电费950元。

分析：公司以银行存款支付本月水电费应由本月有关费用项目承担。其中，生产车间使用的水电费，应记入“制造费用”账户的借方；行政管理部门使用的水电费，应记入“管理费用”账户的借方；同时以银行存款支付的款项，应记入“银行存款”账户的贷方。

借：制造费用　1 850
　　管理费用　950
　　贷：银行存款　2 800

【例4-16】 12月14日，公司厂办主任王平预借差旅费2 500元，以现金支付。

分析：预借的差旅费属于暂付款项，应通过资产类“其他应收款”账户核算。预借时记入“其他应收款”的借方；现金减少，应记入“库存现金”账户的贷方。

借：其他应收款——王平　　2 500

　　贷：库存现金　　2 500

“其他应收款”属于资产类账户，用于核算企业除应收账款、应收票据、预付账款等经营活动以外的其他各种应收、暂付的款项。借方登记企业发生的其他各种应收、暂付款项；贷方登记收回或转销各种款项；期末借方余额反映企业尚未收回的其他应收款。该账户应当按照其他应收款的项目和对方单位（或个人）设置明细账户，进行明细核算。“其他应收款”账户结构如表4-19所示。

表4-19

借方　　其他应收款	贷方
发生的其他各种应收、暂付款项	收回或转销的各种款项
尚未收回的其他应收款	

【例4-17】 12月25日，厂办主任王平出差归来，报销差旅费2 100元，交回现金400元。

分析：报销的差旅费应属于公司的期间费用，记入“管理费用”账户的借方，交回剩余现金应记入“库存现金”账户的借方；同时，公司的其他应收款这项债权减少2 500元，应记入“其他应收款”账户的贷方。

借：管理费用　　2 100

　　库存现金　　400

　　贷：其他应收款——王平　　2 500

【例4-18】 12月31日，计提本月应负担的短期借款利息560元。

分析：借款利息属于公司的财务费用，由于利息一般是按季度结算的，所以当月的利息虽然在当月计算并负担，但在季末支付。计提短期借款利息属于负债，应记入“应付利息”账户的贷方，本月承担的利息费用增加，应记入“财务费用”账户的借方。

借：财务费用　　560

　　贷：应付利息　　560

“应付利息”属于负债类账户，用于核算企业根据合同约定应支付的利息。该账户的贷方登记计提应付未付的利息数额；借方登记实际支付的利息数额；期末贷方余额，反映企业应付未付的利息。该账户应当按照债权人进行明细核算。“应付利息”账户结构如表4-20所示。

表4-20

借方　　应付利息	贷方
实际支付的利息	计提应付未付的利息
	应付未付的利息

想一想：

如果每个月计提借款利息560元，一个季度共计提1 680元，季度末用银行存款支付利息时如何做会计分录？

【例4-19】 12月31日，按规定计提固定资产折旧费35 000元。其中，生产车间使用的固定资产应计提折旧费 22 000 元，公司行政管理部门使用的固定资产应计提折旧费 13 000元。

提示： 固定资产因使用过程中逐渐地发生损耗而转移到成本、费用中的那部分价值称为固定资产折旧。按照确定的方法对固定资产应计折旧额进行分摊计入有关成本、费用称为折旧费。具体计算方法将在财务会计中介绍。

分析： 提取固定资产折旧，一方面意味着当期费用成本增加，应区分不同的使用范围记入不同的费用成本账户，其中车间固定资产提取的折旧额应记入“制造费用”账户的借方，行政管理部门固定资产提取的折旧额应记入“管理费用”账户的借方；同时，对于固定资产提取的折旧额应记入“累计折旧”账户的贷方，表示固定资产已提折旧的增加。

借：制造费用　　22 000
　　管理费用　　13 000
　　贷：累计折旧　　35 000

“累计折旧” 属于资产类账户，是“固定资产”账户的调整账户，用于核算企业对固定资产计提的累计折旧。其贷方登记计提的固定资产折旧；借方登记减少的固定资产转出的累计已提折旧额；期末贷方余额反映企业已提取的固定资产折旧累计数。“累计折旧”账户结构如表 4 – 21 所示。

表 4 – 21

借方	累计折旧　　贷方
减少的固定资产转出的累计已提折旧额	计提的折旧额
	固定资产折旧累计数

提示： 调整账户是为了求得被调整账户的实际余额而设置的账户。

固定资产净值 = 固定资产原始价值 – 累计折旧

【例 4 – 20】 12 月 31 日，按职工提供服务的受益对象分配本月份职工工资 56 800 元。其中，生产工人工资 31 500 元（用于 A 产品生产工人工资 20 300 元，B 产品生产工人工资 11 200 元），车间管理人员工资 12 500 元，公司行政管理部门人员工资 12 800 元。

分析： 工资是公司进行生产经营活动发生的人工费用，一方面使得公司应付职工工资增加 63 840 元，应记入“应付职工薪酬”账户的贷方；另一方面使得公司的生产成本和期间费用增加 63 840 元，其中，A 产品生产工人工资和 B 产品生产工人工资记入“生产成本”账户的借方；车间管理人员工资记入“制造费用”账户的借方；行政管理人员工资记入“管理费用”的借方。

借：生产成本——A 产品　　20 300
　　　　　　——B 产品　　11 200
　　制造费用　　12 500
　　管理费用　　12 800
　　贷：应付职工薪酬——工资　　56 800

“应付职工薪酬” 属于负债类账户，用于核算企业根据有关规定应付给职工的各种薪酬。该账户的贷方登记发生的职工薪酬按职工提供服务的受益对象分配计入有关成本费用项目的数额；借方登记实际支付职工工资、奖金、津贴及职工福利费等数额；该账户期末贷方余额，反映企业应付职工薪酬的结余。该账 户应当按照工资、职工福利、社会保险费、住房公积金、工会经费、职工教育经费等应付职工薪酬项目设置明细账户，进行明细核算。“应付职工薪酬”账户结构如表4－22所示。

表4－22

借方	应付职工薪酬　　贷方
实际支付工资、福利费等数额	发生的职工薪酬分配计入有关成本费用项目的数额
	企业应付职工薪酬的结余

想一想：

如果下月初公司以现金发放上述职工工资56 800元，应如何进行账务处理？

答：借：应付职工薪酬——工资　　56 800

　　贷：库存现金　　56 800

【例4－21】　12月31日，用银行存款支付行政管理部门使用房屋租金2 910元。

分析：行政管理负担的费用应记入“管理费用”账户的借方，用银行存款支付应记入“银行存款”账户的贷方。

借：管理费用　　2 910

　　贷：银行存款　　2 910

【例4－22】　12月31日，结转本月制造费用36 500元。其中，A产品23 548元，B产品12 952元。

分析：制造费用是产品制造成本的组成部分，平时发生的制造费用应在“制造费用”账户的借方进行归集，期末按一定的标准和方法进行分配，本例按生产工人工资比例进行的分配，分配的金额从“制造费用”的贷方转入“生产成本”账户的借方。

借：生产成本——A产品　　23 548

　　　　　　——B产品　　12 952

　　贷：制造费用　　36 500

【例4－23】　12月31日，结转本月完工入库A、B产品制造成本。A产品378件，全部完工，完工产品总成本为56 598元；B产品生产230件，本月完工185件，完工产品总成本为27 434元。

分析：完工并验收入库产品的制造成本，应记入“库存商品”账户的借方和“生产成本”账户的贷方。

借：库存商品——A产品　　56 598

　　　　　　——B产品　　27 434

　　贷：生产成本——A产品　　56 598

　　　　　　　　——B产品　　27 434

上述例4－13至例4－23产品生产过程的会计记录，账户对应关系如图4－3所示。

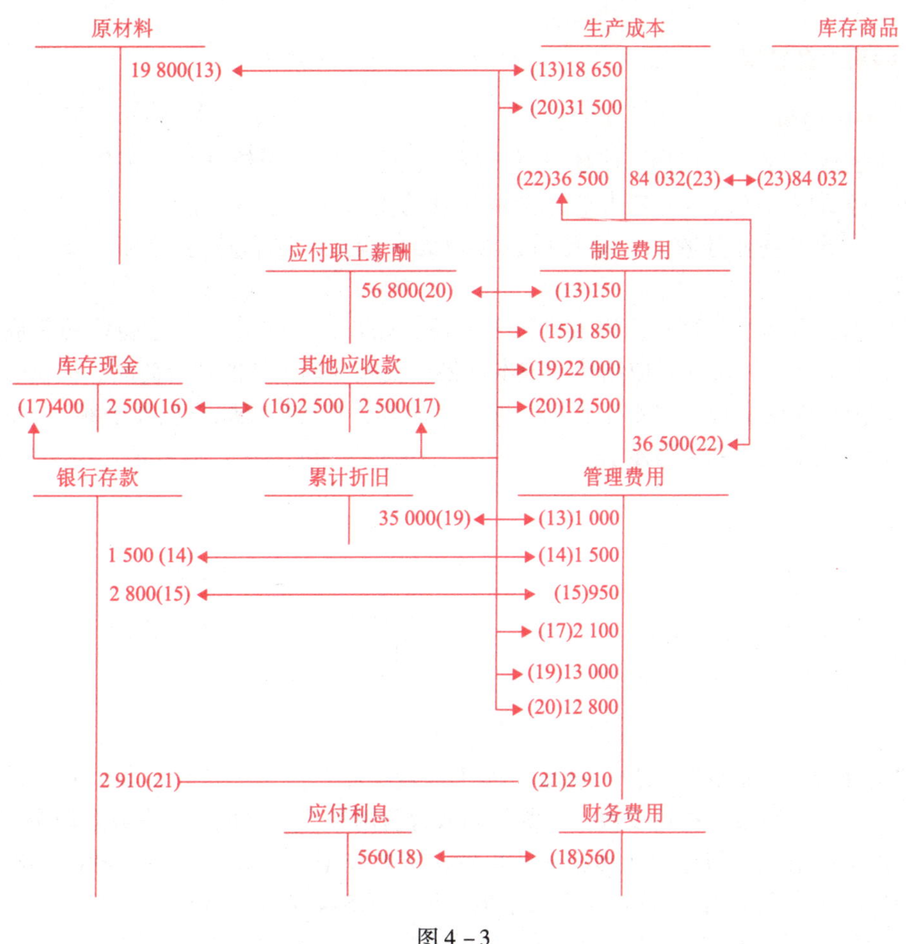

图4－3

第四节　销售的核算

一、销售过程核算的内容

销售过程是企业生产经营活动的最后一个阶段，企业生产的产品价值能否实现取决于产品在市场上能否顺利地销售出去，取得销售收入补偿生产耗费。因此，销售过程会计系统应确认营业收入，结转营业成本，计算应交营业税金及附加，支付各项销售费用，确定销售业务成果，与购买方结算价款。

收入只有在经济利益很可能流入从而导致企业资产增加或者负债减少且经济利益的流入额能够可靠计量时才能予以确认。按照收入与费用配比原则，确认收入的同时应确认并结转与其相关的成本费用，以便正确计算业务成果，考核企业是否实现经营目标。

二、销售业务核算

（一）账户设置

1. “主营业务收入”账户。该账户属于损益类账户，用于核算企业销售商品、提供劳务等主营业务所取得的收入。贷方登记企业实现的主营业务收入；借方登记期末转入“本年利润”账户的主营业务收入；结转后该账户无余额。“主营业务收入”账户结构如表4－23所示。

2. “主营业务成本”账户。该账户属于损益类账户，用于核算企业确认销售商品、提供劳务等主营业务收入实现时应结转的成本。借方反映本期结转的销售商品、提供劳务的实际成本；贷方反映期末转入“本年利润”账户的成本；结转后该账户应无余额。“主营业务成本”账户结构如表4－24所示。

表4－23

借方　主营业务收入	贷方
期末转入“本年利润”账户的收入	企业实现的收入

表4－24

借方　主营业务成本	贷方
本期结转的已销售商品的实际成本	期末转入“本年利润”账户的销售成本

3. “营业税金及附加”账户。该账户属于损益类账户，用于核算企业经营活动发生的消费税、营业税、城市维护建设税、资源税和教育费附加等相关税费。借方登记企业按照规定计算应由本期负担的与经营活动相关的税费；贷方登记期末转入“本年利润”账户的税费；结转后该账户无余额。“营业税金及附加”账户结构如表4－25所示。

4. “销售费用”账户。该账户属于损益类账户，用于核算企业销售商品或提供劳务的过程中发生的各项费用，包括：销售人员的职工薪酬、商品维修费、业务宣传费、保险费、包装费、展览费、广告费、运输费等。借方登记企业所发生的各项销售费用；贷方登记企业期末转入“本年利润”账户的销售费用；结转后该账户应无余额。“销售费用”账户结构如表4－26所示。

表4－25

借方　营业税金及附加	贷方
应由本期负担的税费	期末转入“本年利润”账户的税费

表4－26

借方　销售费用	贷方
发生的各项销售费用	期末转入“本年利润”账户的销售费用

5. “其他业务收入”账户。该账户属于损益类账户，用于核算企业确认的主营业务以外的其他日常生产经营活动实现的收入，如销售材料、出租固定资产、出租无形资产等实现的收入。贷方登记企业确认的其他业务收入；借方登记期末转入“本年利润”账户的其他业务收入；期末结转后该账户无余额。该账户应按其他业务收入种类设置明细账，进行明细核算。“其他业务收入”账户结构如表4－27所示。

6．“其他业务成本”账户。该账户属于损益类账户，用于核算企业确认的除主营业务活动以外的其他日常生产经营活动所发生的支出，包括销售材料的成本、出租固定资产的折旧额、出租无形资产的摊销额等。借方登记发生的其他业务成本；贷方登记期末转入“本年利润”账户的其他业务成本；期末结转后该账户无余额。该账户应按其他业务成本核算的种类设置明细账户，进行明细核算。“其他业务成本”账户结构如表4－28所示。

表4－27

借方　　　　其他业务收入	贷方
期末转入“本年利润”账户的其他业务收入	本期确认的其他业务收入

表4－28

借方　　　　其他业务成本	贷方
发生的其他业务成本	期末转入“本年利润”账户的其他业务成本

（二）账务处理

【例4－24】 12月15日，新元公司销售一批产品，增值税专用发票上注明A产品销售100件，每件售价200元，计20 000元；B产品销售20件，每件390元，计7 800元，增值税4 726元，款项收到并存入银行存款户。

分析：公司销售产品收入增加，应记入“主营业务收入”账户的贷方，由于销售的产品是应纳增值税产品，应收取的增值税额（销项税额），记入“应交税费——应交增值税（销项税额）”账户的贷方，款项收到并存入银行，使银行存款增加，应记入“银行存款”账户的借方。

借：银行存款　　32 526
　贷：应交税费——应交增值税（销项税额）　　4 726
　　主营业务收入——A产品　　20 000
　　　　　　　——B产品　　7 800

【例4－25】 12月18日，新元公司为宣传新产品发生广告费5 000元，以银行存款支付。

分析：以银行存款支付广告费使得销售费用增加，银行存款减少。应记入“销售费用”账户的借方和“银行存款”账户的贷方。

借：销售费用　　5 000
　贷：银行存款　　5 000

【例4－26】 12月18日，新元公司根据合同规定，预收正大公司购买A产品的价款100 000元，已存入银行。

分析：新元公司预收销货款时，资产增加，记入“银行存款”账户的借方；由于销售收入尚未实现，因此不能确认收入，应增加负债，记入“预收账款”账户的贷方。

借：银行存款　　100 000
　贷：预收账款——正大公司　　100 000

“预收账款”属于负债类账户，用于核算企业按照销货合同规定预收购货单位的款项。贷方登记按照合同规定向购货单位预收的货款和购货单位补付的款项；借方登记向购货单位发出商品销售实现的货款和退回多付的款项；期末余额一般在贷方，反映企业预收的款项，期末如为借方余额，反映企业尚未转销的款项。该账户应按购货单位设置明细账户，进行明细核算。“预收账款”账户结构如表4－29所示。

表4－29

借方	预收账款 贷方
向购货单位发出商品销售实现的货款和退回多付的款项	向购货单位预收的货款和购货单位补付的款项
	预收购货单位的款项

【例4－27】 12月20日，新元公司向正大公司发出A产品315件，每件售价200元。增值税专用发票上注明货款63 000元，增值税10 710元，价款已在12月18日预收。

分析：企业销售产品取得收入，应记入“主营业务收入”账户的贷方，增值税（销项税额）增加，应记入“应交税费——应交增值税（销项税额）”账户的贷方，由于以前已经预收价款，应减少预收账款，记入“预收账款”账户的借方。

借：预收账款——正大公司　　73 710
　贷：主营业务收入——A产品　　63 000
　　　应交税费——应交增值税（销项税额）　　10 710

【例4－28】 12月25日，新元公司销售给伟利公司产品一批，增值税专用发票上注明销售A产品65件，每件售价220元，计14 300元，销售B产品45件，每件售价400元，计18 000元，增值税5 491元，价款尚未收到。

分析：企业销售产品取得收入，应记入“主营业务收入”账户的贷方，应收取的增值税记入“应交税费——应交增值税（销项税额）”账户的贷方，同时因货款未收到，应记入“应收账款”账户的借方。

借：应收账款——伟利公司　　37 791
　贷：主营业务收入——A产品　　14 300
　　　　　　　　　——B产品　　18 000
　　　应交税费——应交增值税（销项税额）　　5 491

“应收账款”属于资产类账户，用于核算企业因销售商品、提供劳务等经营活动，应向购货单位或接受劳务单位收取的款项。不单独设置“预收账款”的企业，预收的账款也在“应收账款”账户核算。借方登记发生的应收账款；贷方登记已收回的应收账款；期末余额一般在借方，反映企业尚未收回的应收账款，如果期末余额在贷方，则反映企业预收的账款。该账户应按债务人设置明细账户，进行明细核算。“应收账款”账户结构见表4－30。

表4－30

借方	应收账款 贷方
发生的应收账款	已收回的应收账款
尚未收回的应收账款	

【例4－29】 12月26日，新元公司销售甲材料一批，增值税专用发票上注明价款5 600元，增值税952元，货款收到，存入银行。

分析：由于销售材料使得企业其他业务收入增加，增值税增加，应记入“其他业务收入”和“应交税费——应交增值税（销项税额）”账户的贷方，因货款已收到，应记入“银行存款”账户的借方。

借：银行存款　　6 552
　贷：其他业务收入　　5 600

应交税费——应交增值税（销项税额） 952

【例4-30】 12月28日，收到银行通知，25日销售给伟利公司的产品应收款37 791元已经收回入账。

分析：企业账款已收回，应记入“银行存款”账户的借方和“应收账款”账户的贷方。

借：银行存款 37 791

贷：应收账款——伟利公司 37 791

【例4-31】 12月31日，结转本月已销产品成本。A产品销售480件，单位成本150元，总成本72 000元；B产品销售65件，单位成本160元，总成本10 400元。

分析：由于销售产品是企业库存商品减少，已销产品成本应从“库存商品”账户的贷方转入“主营业务成本”账户的借方。

借：主营业务成本——A产品 72 000

——B产品 10 400

贷：库存商品——A产品 72 000

——B产品 10 400

【例4-32】 12月31日，结转本月销售甲材料的成本3 000元。

分析：由于销售而使材料减少，已销材料成本应从“原材料”账户的贷方转入“其他业务成本”账户的借方。

借：其他业务成本 3 000

贷：原材料——甲材料 3 000

【例4-33】 12月31日，经查本月“应交税费——应交增值税”账户借方栏“进项税额”为18 700元；贷方栏“销项税额”为21 879元，抵扣后本月增值税额为3 179元，按应交增值税额的7%提取城市维护建设税，按3%提取教育费附加。

分析：企业提取城市维护建设税和教育费附加，应记入“营业税金和附加”账户的借方317.9元[(21 879-18 700)×10%]；已提取但尚未缴纳的城市维护建设税222.53元(3 179×7%)，应记入“应交税费——应交城市维护建设税”账户的贷方，已提取尚未缴纳的教育费附加95.37元（3 179×3%），应记入“应交税费——教育费附加”账户的贷方。

借：营业税金及附加 317.9

贷：应交税费——应交城市维护建设税 222.53

——教育费附加 95.37

提示：下月初企业用银行存款向税务部门缴纳城市维护建设税和教育费附加时应编制如下会计分录：

借：应交税费——应交城市维护建设税 222.53

——教育费附加 95.37

贷：银行存款 317.9

上述例4-24至例4-33销售过程交易、事项的会计记录，账户对应关系如图4-4所示。

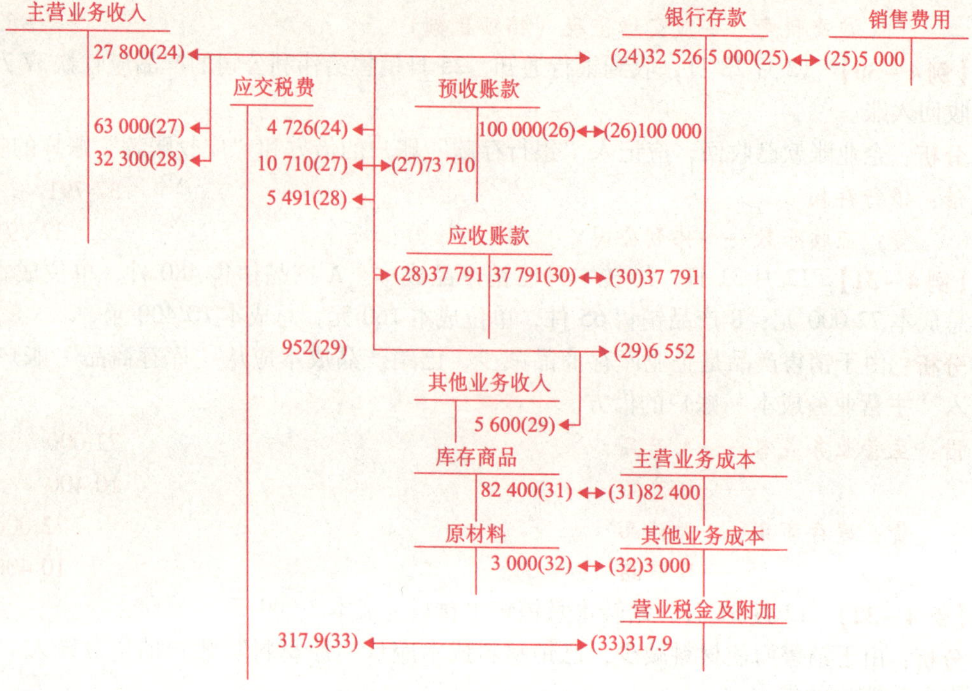

图4－4

想一想:

图4－4所反映出的销售过程账户对应关系描述了哪些交易与事项?

第五节　利润形成及分配的核算

一、利润形成过程的核算

（一）利润的构成与计算

利润是指企业在一定会计期间的经营成果，包括营业利润、利润总额和净利润。

收入减去费用后的金额为营业利润，是企业日常生产经营活动所获得的利润，是企业利润总额的主要来源，其计算公式为：

营业利润＝营业收入－营业成本－营业税金及附加－销售费用－管理费用－财务费用＋投资收益

其中，营业收入是指企业销售商品和提供劳务所实现的收入总额，包括主营业务收入和其他业务收入；营业成本是指企业销售商品和提供劳务发生的实际成本总额，包括主营业务成本和其他业务成本。

利润总额＝营业利润＋营业外收入－营业外支出

营业外收入是指企业非日常生产经营活动形成的、应当计入当期损益，会导致所有者权益增加、与所有者投入资本无关的经济利益的流入。营业外支出是指企业非经常生产经营活动发生的、应当计入当期损益，会导致所有者权益减少、与向所有者分配利润无关的经济利益的净流出。

企业在一定期间获得的利润总额应按国家税法规定缴纳所得税，所得税作为企业所得的一种耗费，遵循收入与费用配比原则，应计入当期损益。

净利润＝利润总额－所得税费用

（二）账户设置

1．“本年利润”账户。该账户属于所有者权益类账户，用于核算企业本年度实现的净利润（或发生的净亏损）。会计期末，企业应将各收益类账户的期末余额转入“本年利润”账户的贷方；将各成本费用或支出类账户的期末余额转入“本年利润”账户的借方。结转后“本年利润”账户如为贷方余额，表示当年实现的净利润；如为借方余额，表示当年发生的净亏损。年度终了，企业还应将“本年利润”账户的本年实现的净利润转入“利润分配”账户的贷方；如为净亏损，转入“利润分配”账户的借方。结转后“本年利润”账户无余额。“本年利润”账户结构如表4－31所示。

表4－31

借方　　本年利润	贷方
各成本费用或支出类账户期末转入数	各收益类账户期末转入数
当年发生的净亏损 将本年实现的净利润转入“利润分配”账户	当年实现的净利润 将本年发生的净亏损转入“利润分配”账户

2．“所得税费用”账户。该账户属于损益类账户，用于核算企业按规定从当期利润总额中扣除的所得税费用。借方登记按纳税所得额计算的应交所得税；贷方登记期末转入“本年利润”账户的数额；结转后本账户无余额。“所得税费用”账户结构如表4－32所示。

表4－32

借方　　所得税费用	贷方
本期应交所得税额	期末转入“本年利润”账户的数额

3．“投资收益”账户。该账户属于损益类账户，用于核算企业对外投资取得的收益或发生的损失。贷方登记实现的投资收益；借方登记发生的投资损失；期末余额应转入“本年利润”账户，结转后无余额。“投资收益”账户结构如表4－33所示。

表4－33

借方　　投资收益	贷方
发生的投资损失 期末转入“本年利润”账户的投资净收益	实现的投资收益 期末转入“本年利润”账户的投资净损失

4．“营业外收入”账户。该账户属于损益类账户，用于核算企业实现的各项营业外收入，包括：处置固定资产净收益、出售无形资产净收益、盘盈收益、捐赠收益、收取罚款、政府补助等收入和确实无法支付而按规定程序经批准后转作营业外收入的应付款项。贷方登记企业发生的营业外收入；借方登记期末转入“本年利润”账户的营业外收入；结转后该账户无余额。该账户应按收入项目设置明细账

户，进行明细核算。“营业外收入”账户结构如表4－34所示。

5. “营业外支出”账户。该账户属于损益类账户，用于核算企业发生的各项营业外支出，包括处置固定资产净损失、出售无形资产净损失、非常损失、盘亏损失、违约罚款、捐赠支出等。借方登记企业发生的营业外支出；贷方登记期末转入“本年利润”账户的营业外支出；结转后该账户无余额。该账户应按费用项目设置明细账，进行明细核算。“营业外支出”账户结构如表4－35所示。

表4－34

借　方　　　营业外收入	贷　方
期末转入“本年利润”账户的营业外收入	发生的营业外收入

表4－35

借　方　　　营业外支出	贷　方
发生的营业外支出	期末转入“本年利润”账户的营业外支出

（三）账务处理

【例4－34】 12月31日，新元公司因对外投资，被投资单位宣告分派现金股利，其中本公司应分来的现金股利35 000元，存入银行。

分析：企业对外投资取得收益，应记入“投资收益”账户的贷方；应收股利的增加是资产（债权）的增加，应记入“应收股利”账户的借方。

借：应收股利　　35 000

　　贷：投资收益　　35 000

【例4－35】 12月31日，以银行存款10 000元捐赠某社会公益性福利部门。

分析：企业以银行存款给福利部门捐赠，属于公益性捐赠，是非日常活动所发生的会导致所有者权益减少，应记入“营业外支出”账户的借方和“银行存款”账户的贷方。

借：营业外支出　　10 000

　　贷：银行存款　　10 000

【例4－36】 12月31日，新元公司取得罚款收入2 600元，存入银行。

分析：取得罚款收入是非日常活动所发生的会导致所有者权益增加，应记入“营业外收入”账户的贷方和“银行存款”账户的借方。

借：银行存款　　2 600

　　贷：营业外收入　　2 600

【例4－37】 12月31日，按规定税率25%计算并结转应交所得税。

分析：计算所得税时，应以企业实现的利润总额为基础，计算公式如下：

净利润＝利润总额－所得税费用

注：应交所得税的计算这里仅按简单方法介绍，详细的计算可在《财务会计》中了解。

公司12月份利润总额计算如下：

营业利润＝主营业务收入＋其他业务收入＋投资收益－主营业务成本－其他业务成本－营业税及附加－销售费用－管理费用－财务费用
＝123 100＋5 600＋35 000－82 400－3 000－317.9－5 000－32 260－560
＝40 162.1（元）

利润总额＝营业利润＋营业外收入－营业外支出＝40 162.1＋2 600－10 000
＝32 762.1（元）

应交所得税＝32 762.1×25%＝8 190.53（元）

计算结转应交所得税，须通过“所得税费用”账户和“应交税费”负债账户核算。应记入“所得税费用”账户的借方和“应交税费”账户的贷方。

借：所得税费用　　8 190.53

　　贷：应交税费——应交所得税　　8 190.53

【例4-38】 12月31日，将本月主营业务收入123 100元（A产品97 300元，B产品25 800元）、其他业务收入5 600元、投资收益35 000元、营业外收入2 600元，结转“本年利润”账户。

分析：按规定，企业期末应将有关营业收入账户、投资收益账户和营业外收入账户的余额，转入“本年利润”账户，以便企业计算财务成果。

借：主营业务收入——A产品　　97 300

　　　　　　　　——B产品　　25 800

　　其他业务收入　　5 600

　　投资收益　　35 000

　　营业外收入　　2 600

　　贷：本年利润　　166 300

【例4-39】 12月31日，将本月主营业务成本82 400元（A产品72 000元、B产品10 400元）、营业税金及附加317.9元、其他业务成本3 000元、管理费用32 260元、财务费用560元、销售费用5 000元、营业外支出10 000元、所得税费用8 190.53元，转入“本年利润”账户。

分析：期末企业应将归集的期间费用和已销产品、材料的成本、税金及营业外支出、所得税费用转入“本年利润”账户。

借：本年利润　　141 728.43

　　贷：主营业务成本——A产品　　72 000

　　　　　　　　　　——B产品

　　　　营业税金及附加　　317.90

　　　　其他业务成本　　3 000

　　　　管理费用　　32 260

　　　　财务费用　　560

　　　　销售费用　　5 000

　　　　营业外支出　　10 000

　　　　所得税费用　　8 190.53

期末将损益类账户的余额转入“本年利润”账户后，即可计算出本年实现的净利润（或亏损）。

想一想：

企业的经营目标——利润，会计是如何计算出来的？新元公司12月31日的所有者权益总额为多少？其中有多少是本期净利润带来的？

新元公司12月份实现净利润24 571.57元（166 300 - 141 728.43）。假设新元公司12

月初“本年利润”账户贷方余额为397 921.43元，则本年实现的净利润为422 493元。

上述例4－34至例4－39利润形成过程的会计记录，账户对应关系如图4－5所示。

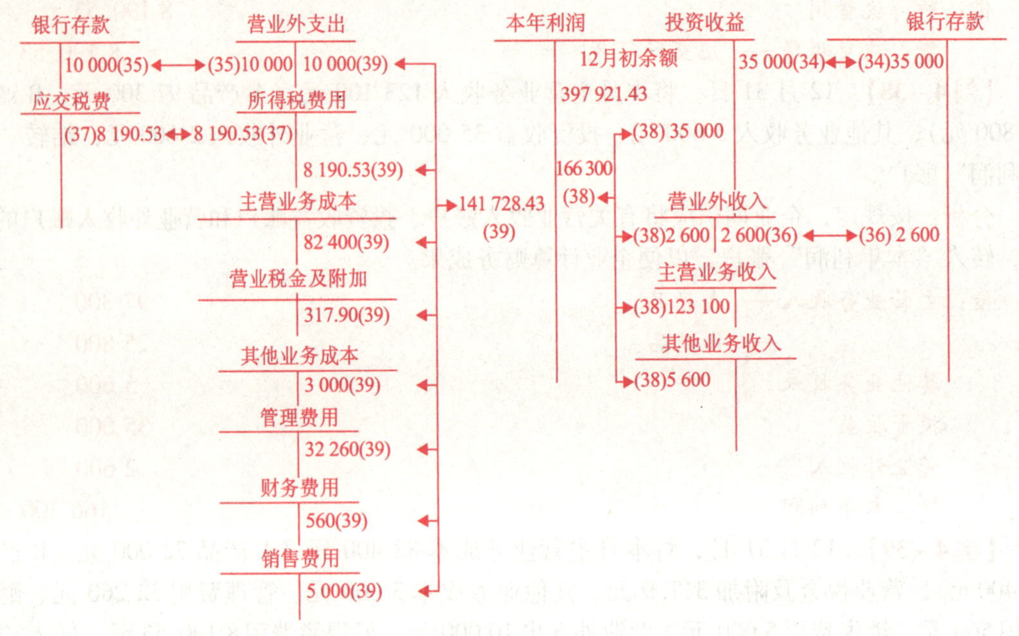

图4－5

二、利润分配的核算

根据公司法的有关规定，企业对实现的净利润分配（或亏损弥补）应按下列顺序进行分配：弥补以前年度亏损；提取法定盈余公积、任意盈余公积、向投资者分配利润。经过分配仍有余额，属于未分配利润，是企业留存收益的重要内容。

（一）账户设置

1. “利润分配”账户。该账户属于所有者权益类账户，用于核算企业利润的分配（或亏损弥补）和历年分配（或弥补）后的积存余额。借方登记企业提取盈余公积、应付股利等利润分配的去向，包括从“本年利润”账户转入的净亏损数额；贷方登记转入可供分配的利润数额，包括从“本年利润”账户转入的净利润数额和弥补亏损数额。年终如为贷方余额表示历年积存未分配利润；如为借方余额表示历年积存未弥补亏损。“利润分配”账户结构如表4－36所示。

表4－36

借方　　　　利润分配	贷方
从“本年利润”账户转入的净亏损数额 提取盈余公积、应付股利等利润分配的数额	从“本年利润”账户转入的净利润数额 弥补亏损数额
历年积存未弥补亏损	历年积存未分配利润

2. “应付利润”账户。该账户属于负债类账户，用于核算企业分配给投资者的利润。贷方登记应分配给投资者的利润；借方登记向投资者实际支付的利润；期末贷方余额反映企业应付未付的现金股利或利润。“应付利润”账户结构如表4－37所示。

表 4－37

借方	应付利润 贷方
实际支付的利润	应支付的利润
	尚未支付的利润

表 4－38

借方	盈余公积 贷方
用于弥补亏损或转增资本	按照规定提取盈余公积的数额
	提取的盈余公积余额

3. “盈余公积”账户。该账户属于所有者权益类账户，用于核算企业从净利润中提取盈余公积。贷方登记企业按照规定提取的各项盈余公积的数额；借方登记企业将盈余公积用于弥补亏损或转增资本而减少盈余公积的数额等；期末贷方余额表示企业按规定提取的盈余公积余额。该账户应当分别设置“法定盈余公积”和“任意盈余公积”明细账户，进行明细核算。“盈余公积”账户结构如表 4－38 所示。

（二）账务处理

【例 4－40】 12 月 31 日，新元公司结转全年实现的净利润 422 493 元。

分析：年终应将企业全年实现的净利润从“本年利润”账户的借方转入“利润分配”账户的贷方。

借：本年利润　　422 493

　　贷：利润分配　　422 493

【例 4－41】 12 月 31 日，按规定从本年税后利润（净利润）中提取 10% 的法定盈余公积金。

分析：企业从税后利润中提取盈余公积金，是对已实现利润进行的分配，应减少本年利润，但为了使“本年利润”账户能够反映企业实现利润的原始数额，提取盈余公积42 249. 3（422 493 ×10%）元，应记入“利润分配”账户的借方和“盈余公积”账户的贷方。

借：利润分配　　42 249. 30

　　贷：盈余公积　　42 249. 30

【例 4－42】 12 月 31 日，按规定计算出应支付给投资者的利润 58 000 元。

分析：企业实现净利润后，按《公司法》规定的分配顺序提取盈余公积金后，应向投资者分配利润。利润分配应通过“利润分配”账户核算，确定应分配给投资者的利润未分配时形成企业的负债，应记入“应付利润”账户的贷方。会计分录如下：

借：利润分配　　58 000

　　贷：应付利润　　58 000

上述例 4－40 至例 4－42 利润分配的会计记录，账户对应关系如图 4－6 所示。

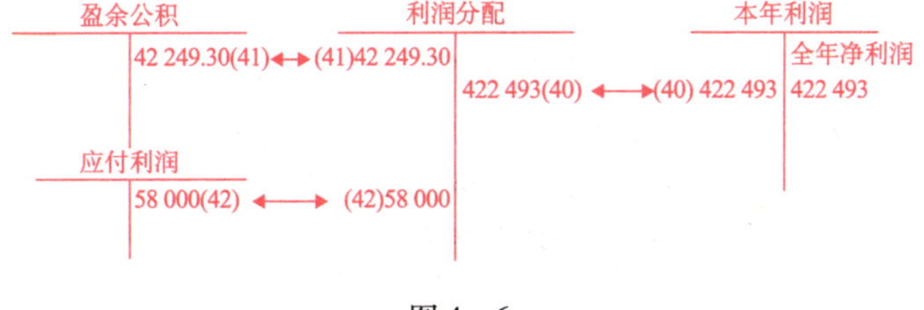

图 4－6

小测试

假设新元公司是新设立的公司，该年年终还有多少未分配利润？属于公司的留存收益吗？

知识检测

一、单项选择题

1. 企业无论从何种途径取得的材料，都要通过（　　）账户进行核算。

A.“材料采购”　　B.“应付账款”

C.“原材料”　　D.“预付账款”

2. 为了反映库存材料的增减变化及其结存情况，应设置的账户是（　　）。

A.“材料采购”　　B.“原材料”

C.“存货”　　D.“直接材料”

3. 下例账户中，不会出现期末贷方余额的账户是（　　）。

A.“生产成本”　　B.“累计折旧”

C.“应付利息”　　D.“应付职工薪酬”

4. 企业支付广告费，应记入（　　）账户的借方。

A.“制造费用”　　B.“管理费用”

C.“销售费用”　　D.“财务费用”

5. 企业为购进材料，预付的款项应通过（　　）账户核算。

A.“预付账款”　　B.“应收票据”

C.“应付账款”　　D.“应收账款”

6.“应付职工薪酬”账户属于（　　）账户。

A. 资产类　　B. 损益类

C. 所有者权益类　　D. 负债类

7. 计提本月生产车间固定资产折旧费用应记入（　　）账户。

A.“管理费用”　　B.“制造费用”

C.“财务费用”　　D.“销售费用”

8.“盈余公积”账户属于（　　）。

A. 资产类账户　　B. 负债类账户

C. 损益类账户　　D. 所有者权益类账户

9. 企业接受外商投资机器设备应记入的贷方账户是（　　）。

A.“实收资本”　　B.“资本公积”

C.“营业外收入”　　D.“投资收益”

10. 下列可能会与“本年利润”账户贷方发生对应关系的账户是（　　）。

A.“主营业务收入”　　B.“主营业务成本”

C.“库存商品”　　D.“管理费用”

二、多项选择题

1.“生产成本”账户借方登记的有（　　）。

A. 直接材料　　B. 直接人工
C. 制造费用　　D. 已验收入库的产成品成本

2. 下列费用应该直接计入当期损益的有（　　）。
A. 管理费用　　B. 财务费用
C. 制造费用　　D. 销售费用

3. 下列费用中属于财务费用的有（　　）。
A. 利息净支出　　B. 保险费
C. 支付给银行及金融机构手续费　　D. 汇兑净损失

4. 购进商品时，借记“在途物资”账户，可能贷记（　　）账户。
A. “银行存款”　　B. “固定资产”
C. “应交税费”　　D. “应付账款”

5. 企业在进行材料发出会计核算时，可能涉及的账户有（　　）。
A. “原材料”　　B. “生产成本”
C. “制造费用”　　D. “管理费用”

6. 所有者权益就其组成内容来看，包括（　　）。
A. 投入资本　　B. 投资收益
C. 资本公积　　D. 盈余公积和未分配利润

7. 下列各项应计入制造费用的有（　　）。
A. 车间管理人员工资　　B. 企业管理人员工资
C. 车间办公费　　D. 生产用设备折旧费

8. 下列账户中属于损益类账户的有（　　）。
A. “主营业务收入”　　B. “营业外收入”
C. “所得税费用”　　D. “应交税费”

9. 下列各项属于企业留存收益的有（　　）。
A. 实收资本　　B. 资本公积
C. 盈余公积　　D. 未分配利润

10. 下列账户期末结转后无余额的有（　　）。
A. “生产成本”　　B. “管理费用”
C. “制造费用”　　D. “所得税费用”

实操训练

实训一

［目的］熟悉企业筹资业务的会计核算。

［资料］南方公司12月份发生下列交易、事项：

1. 12月3日，收到国家投资150 000元，存入银行。
2. 12月9日，收到联营甲单位投入设备一台，价值65 000元；投入专利权一项价值

200 000 元。双方协商占华新公司注册资本 180 000 元。

3. 12 月 10 日，从银行取得 3 个月到期的借款 100 000 元，存入企业的银行存款户。

4. 12 月 22 日，经批准，以资本公积转增注册资本 200 000 元。

5. 12 月 31 日，以盈余公积 50 000 元转增资本。

[要求] 根据上述交易、事项编制会计分录。

实训二

[目的] 熟悉材料采购过程的会计核算。

[资料] 大华公司 12 月份发生下列材料采购交易、事项：

1. 12 月 3 日从志远工厂购进甲材料 15 000 千克，增值税专用发票所列单价 5.00 元，计买价 75 000 元，进项税额 12 750 元，志远工厂代垫运费 1 500 元，款项以银行存款支付，材料尚未运到。

2. 12 月 6 日，从志远购进的甲材料已到，并验收入库。

3. 12 月 8 日，从东方工厂购进乙材料 20 吨，增值税专用发票所列单价为 1 800 元，计买价 36 000 元，进项税额 6 120 元，东方工厂代垫运费 2 000 元，款未付。

4. 12 月 15 日，以银行存款偿还东方工厂乙材料款 44 120 元。

5. 12 月 16 日，从东方工厂购进的乙材料已运到，并验收入库。

6. 12 月 20 日，从新华工厂购进丙材料 8 000 千克，增值税专用发票所列单价 7.00 元，计买价 56 000 元，进项税额 9 520 元，供货方代垫运费 2 400 元，价款尚未支付。

7. 12 月 28 日，按合同约定，为购买丁材料以银行存款 15 000 元预付龙兴公司货款。

8. 12 月 30 日，28 日预付龙兴公司货款的丁材料已运到，增值税专用发票上记载的货款为 10 000 元，增值税 1 700 元，供货方代垫运杂费 500 元，余款退回存入银行。

[要求] 根据上述交易、事项编制会计分录。

实训三

[目的] 熟悉产品生产过程的会计核算。

[资料] 正大公司 12 月份发生的下列交易、事项：

1. 12 月 4 日企业耗用材料如下表：

用途	甲材料	乙材料	丙材料	合计
A 产品	6 000	8 000	4 000	18 000
B 产品	5 000	4 000	6 000	15 000
车间消耗	500	900	600	2 000
厂部消耗	200	500	300	1 000
合计	11 700	13 400	10 900	36 000

2. 12 月 5 日以银行存款支付本月电话费 7 200 元。

3. 12 月 6 日，从银行提取现金 91 200 元，以备发放本月工资。

4. 12 月 6 日，用现金发放本月职工工资 91 200 元。

5. 12 月 10 日，车间购买修理用材料总额 800 元，专用发票上注明增值税额 136 元，以银行存款支付。

6. 12月12日以现金350元购买厂部办公用品。

7. 12月14日以现金200元购买车间办公用品。

8. 12月15日，从银行取得期限为三个月的短期贷款200 000元，存入银行。

9. 12月20日，以现金预付采购员吴明差旅费800元。

10. 12月24日，吴明出差归来，报销差旅费600元，交回现金200元。

11. 12月31日，按规定计提本月固定资产折旧费30 000元。其中，生产车间使用的固定资产应计提折旧费20 000元。企业行政管理部门使用的固定资产应计提折旧费10 000元。

12. 12月31日，预提本月应负担的短期借款利息4 000元。

13. 12月31日，分配本月份职工工资91 200元，其中，生产工人工资77 520元（用于A产品生产工人工资47 880元B产品生产工人工资29 640元），车间管理人员工资4 560元，企业行政管理部门人员工资9 120元。

14. 12月31日，结转本月制造费用。其中A产品60%，B产品40%。

15. 12月31日，结转本月完工入库A、B产品制造成本A产品480件，每件制造成本171.70元，计82 416元，B产品280件，每件制造成本198.80元，计55 664元。

［要求］根据上述交易、事项编制会计分录。

实训四

［目的］熟悉产品销售过程、利润分配及利润形成过程的会计核算。

［资料］远航公司12月份发生的下列交易、事项：

1. 12月5日，销售给长城公司A产品450件，每件售价260元，计117 000元；B产品260件，每件售价265元，计68 900元。货款总额185 900元，增值税税额31 603元，款项已收到并存入银行存款账户。

2. 12月8日，以银行存款支付广告费2 000元。

3. 12月8日，根据合同规定，预收正大公司购买B产品的价款25 000元，已存入银行。

4. 12月18日，销售给正大公司B产品400件，每件售价265元，计106 000元，增值税额18 020元，价款本月8日已预收。

5. 12月19日，以银行存款支付汇兑手续费500元。

6. 12月20日，销售给长城公司A产品100件，每件售价260元，计26 000元，增值税4 420元，价款尚未收到。

7. 12月25日，收到长城公司所欠货款30 420元，存入银行。

8. 12月25日，销售给正大公司A材料3 000千克，每千克售价18元，计54 000元，增值税额9 180元，款已收到存入银行，并结转材料成本40 000元。

9. 12月27日，以银行存款1 000元支付产品销售包装费。

10. 12月31日，结转本月已销产品的制造成本。其中，A产品每件171.70元，B产品每件198.80元。

11. 12月31日，以银行存款1 050元捐赠某社会公益性福利部门。

12. 12月31日，按规定计提本月应交城市维护建设税2 309.79元，教育费附加

989.91 元。

13. 12 月 31 日，经批准将确实无法支付某单位的应付货款 5 800 元，转作营业外收入。

14. 12 月 31 日，企业因对外投资收到其他单位分来的股利 28 000 元，存入银行。

15. 12 月 31 日，将本月主营业务收入 317 900 元，其他业务收入 54 000 元，投资收益 28 000 元，营业外收入 5 800 元，结转“本年利润”账户。

16. 12 月 31 日，将本月主营业务成本 225 643 元，营业税金及附加 3 299.70 元，销售费用 3 000 元，管理费用 21 070 元，财务费用 4 500 元，其他业务成本 40 000 元，营业外支出 1 050 元，转入“本年利润”账户。

17. 12 月 31 日，计算结转本月应交所得税 26 784.33（税率 25%）。

18. 12 月 31 日，将所得税费用转入“本年利润”账户。

19. 12 月 31 日，远航公司全年实现净利润 1 000 000 元，按规定 10% 的比例提取盈余公积。

20. 12 月 31 日，向投资者分配利润 200 000 元。

[要求] 根据上述交易、事项编制会计分录。

填制会计凭证

单元重点：☐ 会计凭证的含义及分类

☐ 原始凭证的填制和审核

☐ 记账凭证的填制和审核

第一节　会计凭证的含义及分类

一、会计凭证的含义

会计凭证是记录交易、事项，明确经济责任，据以登记账簿的书面证明。

任何单位在处理各种交易、事项时，都必须由经办业务的会计人员根据有关规定和程序，认真填制会计凭证，对经济活动过程做出完整书面记录，并由相关部门和人员在会计凭证上签字盖章，以示对交易、事项的合法性和会计凭证的真实性、完整性负责；会计人员必须对已取得的会计凭证进行严格的审核，只有经过审核无误的会计凭证才能作为登记账簿的依据。

在我们的生活中，会计凭证多种多样：新学期开学时，你交了书费，学校会给你开具一张收据，上面记载着你所交费用的项目、金额等；去书店买书时，你可以要求书店开一张发票，上面会注明所购买的书籍名称、数量、金额等，这些单据都属于会计凭证。

二、会计凭证的种类

会计凭证一般按填制的程序和用途不同，分为原始凭证和记账凭证。

1. **原始凭证是在交易、事项发生或完成时取得或填制的，用来证明交易、事项的发生或完成情况的书面证明**。原始凭证是进行会计核算工作的原始资料和重要依据，是会计资料中最具法律效力的一种证明文件。

2. **记账凭证是会计人员根据审核无误的原始凭证，按照交易、事项的内容加以归类，并据以确定会计分录后填制的会计凭证**。记账凭证要根据复式记账的原理，确定会计科目的记账方向及金额，将原始凭证的内容，即交易、事项转化为会计语言，是原始凭证和账簿之间的中间环节，是登记各种账簿的依据。

会计凭证分类如图 5 - 1 所示。

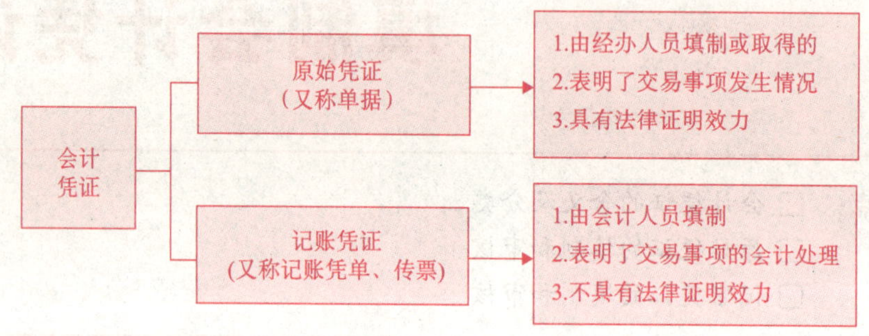

图 5 - 1　会计凭证分类

第二节　原始凭证的填制与审核

一、原始凭证的认知

在日常生活中，原始凭证的种类繁多，形式多样。如外出旅行时所购买的火车票、飞机票、汽车票等；在商场购物时，商场开具的载明所购货物名称、数量、金额等内容的发票……这些单据的名称不同，形式各异，内容及繁简程度不一，但无论哪一种原始凭证，都是交易、事项的原始证据，必须详细载明有关交易、事项的发生或完成情况，明确了经办单位和人员的经济责任。因此，各种原始凭证又都具有一些共同的基本内容。

（一）原始凭证的基本内容

原始凭证所包括的基本内容，通常称为“原始凭证要素”。原始凭证主要包括七要素：

1. 原始凭证名称；
2. 填制凭证的日期和编号；
3. 接受凭证单位或个人的名称；
4. 交易、事项内容；
5. 交易、事项的数量、单价和金额；
6. 填制单位名称或填制人姓名；

7. 经办人员签名或盖章。

下面以发票为例，说明原始凭证的基本内容（见图5－2）。

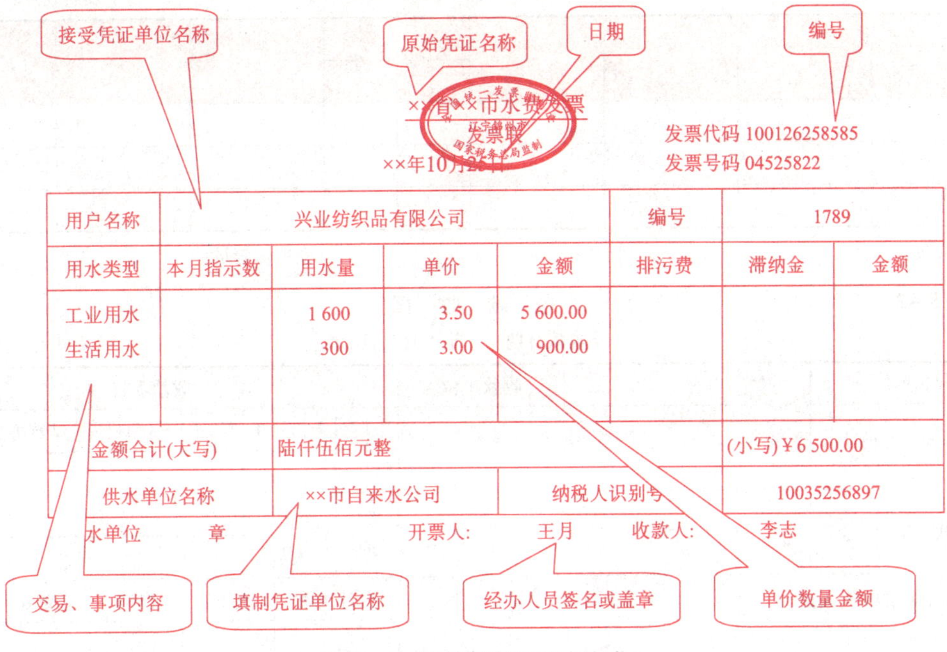

××省××市水费发票

发票联

××年10月2[illegible]日

发票代码 100126258585

发票号码 04525822

用户名称	兴业纺织品有限公司				编号	1789	
用水类型	本月指示数	用水量	单价	金额	排污费	滞纳金	金额
工业用水 生活用水		1 600 300	3.50 3.00	5 600.00 900.00			
金额合计(大写)		陆仟伍佰元整			(小写)￥6 500.00		
供水单位名称		××市自来水公司		纳税人识别号	10035256897		

水单位 章　　开票人：王月　　收款人：李志

图5－2　原始凭证的基本内容

【发票】

发票是在购销商品、劳务以及从事其他经济活动中开具、收取的收付款的原始凭证。发票有普通发票和增值税专用发票之分。

（二）原始凭证的分类

各单位的经济业务活动是多种多样的，因此，原始凭证的格式、内容以及填制的手续也不尽相同。原始凭证可按不同的方式进行分类：

1. 按取得原始凭证的来源不同划分，可将原始凭证划分为自制原始凭证和外来原始凭证。

（1）自制原始凭证。自制原始凭证是指由本单位内部经办业务的部门和人员，在执行或完成某项交易、事项时填制的，仅供本单位内部使用的原始凭证，如领料单（见表5－1）、收料单、差旅费报销单、工资发放明细表、折旧计算表等。

（2）外来原始凭证。外来原始凭证是在企业同外单位发生交易时，从其他企业或个人处取得的原始凭证，如购货时收到的增值税专用发票，对外单位支付款项时收到的收款收据（见表5－2），职工出差时取得的火车票、飞机票等。

外来原始凭证一般由税务局等部门统一印制，在填制时加盖出具单位公章方才有效，对于一式多联的原始凭证必须用复写纸套写。

2. 按填制手续及方式不同划分，可将原始凭证划分为一次原始凭证、累计原始凭证和汇总原始凭证。

表 5-1　　领料单

领料单位：　　编号：

用途：　　年　月　日　　发料仓库：

材料名称	材料编号	规　格	计量单位	数量		单位成本	金　额	备　注
				请领	实发			

仓库负责人：　　记账：　　仓库保管员：　　领料：

表 5-2　　收款收据

收款日期　年　月　日　　No.

付款单位		收款单位	收款项目										
人民币（大写）			千	百	十	万	千	百	十	元	角	分	结算方式
收款事由			经办	部门									
				人员									
上述款项照数收讫无误。 收款单位财务专用章：			会计主管		稽核			出纳			交款人		

第二联　收款单位记账依据

（1）一次原始凭证。是指在一张凭证上只记载一项交易、事项或同时记载若干项同类性质的交易、事项的原始凭证，如收据、领料单、收料单、发货票、借款单（见表5-3）等。

表 5-3　　借款单

年　月　日　　第　号

借款单位	
借款事由	
人民币（大写）	¥：
借款人	现金 支票第　号
备注：	

财务负责人：　　借款单位负责人：

一次原始凭证的填制手续是在交易、事项发生或完成时，由经办人员一次性填制完成的。一般只反映一项交易、事项，如开具给购货方的“增值税专用发票”等。有时也反映若干项同类性质的交易、事项。如“领料单”，领料部门一次可能领用一种材料，也可能领用几种材料，只要是填写在一张“领料单”上，并且是一次性领用的，即为一次原始凭证。

（2）累计原始凭证。累计原始凭证是在一张原始凭证上连续记载一定时间内不断重复发生的同类交易、事项完成情况的原始凭证。

累计原始凭证是分次完成填制手续、可以多次使用、有利于管理控制的原始凭证。“限额领料单”是最具代表性的累计原始凭证，其格式如表5-4所示。

表5－4

限 额 领 料 单

年 月 编 号：

领料单位： 用 途： 计划产量：

材料编号： 名称规格： 计量单位：

单 价： 消耗定量： 领用限额：

年		请 领		实 发				
月	日	数量	领料单位负责人	数量	累计	发料人	领料人	限额结余
合计								

供应部门负责人： 生产计划部门负责人： 仓库负责人：

（3）汇总原始凭证。汇总原始凭证也称原始凭证汇总表，是为了简化核算手续，缩减记账凭证数量，将一定时期内若干份记录同类交易、事项的原始凭证汇总编制一张原始凭证，用以集中反映某项交易、事项的完成情况，如发出材料汇总表（见表5－5）、工资结算汇总表等。汇总原始凭证是有关责任人员根据经济管理的需要定期编制的。

表5－5

发出材料汇总表（一般格式）

年 月 日

会计科目		原料及主要材料	辅助材料	燃料	…	合计
生产成本	基本生产成本					
	辅助生产成本					
制造费用						
管理费用						
合 计						

复核： 制表：

原始凭证的分类情况如图5－3所示。

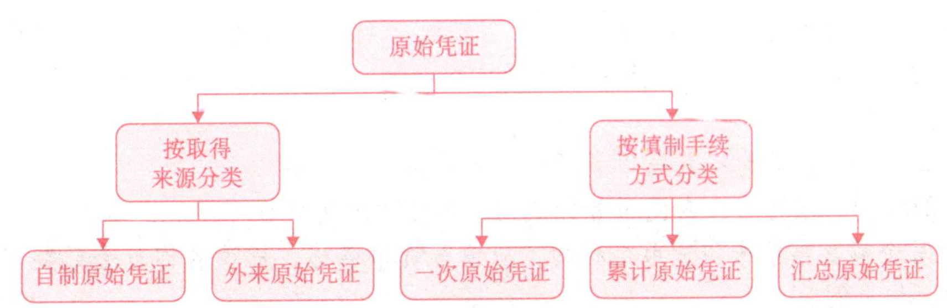

图5－3 原始凭证分类

二、原始凭证的填制

原始凭证是编制记账凭证的依据，是会计核算最基础的原始资料。为了保证原始凭证的质量，原始凭证在填制时必须符合一定的要求。

（一）原始凭证填制的基本要求

1. 记录真实。原始凭证所反映的交易、事项必须符合国家有关法律、规章、制度的要求，填制和取得的原始凭证必须以真实的交易、事项为基础，不允许以任何手段弄虚作假，伪造、变造原始凭证。原始凭证上的相关内容要与交易、事项的实际情况相符，做到真实可靠。不符合要求的，不得列入原始凭证。

2. 内容完整。《会计基础工作规范》中明确规定，原始凭证的各项内容必须填列齐全。因此，在填制各种原始凭证时，内容必须逐项填写齐全，不得遗漏或简略，不能含糊不清。同时，经办业务的有关部门和人员要按照法规要求对原始凭证进行认真审查，并签名盖章，以明确经济责任。

3. 书写规范。各种原始凭证的书写要用蓝黑墨水，文字要工整，字迹要清楚，易于辨认；不得使用未经国务院公布的简化字，不得臆造文字；阿拉伯数字要逐个写清楚，不得连写。

4. 填制及时。各种原始凭证应在交易、事项发生或完成时，及时填写、取得后送交财会部门，由财会部门加以审核，并据以编制记账凭证。任何人不得以任何借口拖延，以保证经济业务活动的正常进行，确保会计信息的时效性。

相关链接

填制会计凭证的书写要求

1. 阿拉伯数字不得连写。阿拉伯金额数字前面应当书写币种符号。币种符号与阿拉伯金额数字之间不得留有空白。凡阿拉伯数字前写有币种符号的，数字后面不再写货币单位。

例如：正确的书写：¥ 1 235.30

错误的书写：¥　　1 235.30　　¥ 1 235.30 元

2. 所有以元为单位的阿拉伯数字，除表示单价等情况外，一律填写到角分；无角分的，角位和分位可写“00”，或者符号“－”；有角无分的，分位应当写“0”，不得用符号“－”代替。

例如：正确的书写：¥ 1 235.00　　¥ 1 235. －　　¥ 1 235.30

错误的书写：¥ 1 235.3－

3. 大写金额数字如零、壹、贰、叁、肆、伍、陆、柒、捌、玖、拾、佰、仟、万、亿等，一律用正楷或者行书体书写。大写金额数字到元或者角为止的，在“元”或者“角”字之后应当写“整”字；大写金额数字有分的，分字后面不写“整”字。

例如：正确的书写：

¥ 1 235.30　应写为：人民币壹仟贰佰叁拾伍元叁角整

¥ 1 235.34　应写为：人民币壹仟贰佰叁拾伍元叁角肆分

4. 大写金额数字前未印货币名称的，应填写货币名称，货币名称与金额数字之间不得留空白，如上例。

5. 阿拉伯金额数字中间有“0”时，汉字大写金额要写“零”字；阿拉伯数字金额中间连续有几个“0”时，汉字大写金额中可以只写一个“零”字；阿拉伯金额数字元位是“0”，或者数字中间连续有几个“0”、元位也是“0”但角位不是“0”时，汉字大写金额可以只写一个“零”字，也可以不写“零”字。

例如：正确的书写：

¥ 1 001.50，大写金额为：人民币壹仟零壹元伍角整

¥ 21 000.50，大写金额为：人民币贰万壹仟零伍角整或人民币贰万壹仟伍角整

（二）原始凭证填制举例

1. 一次原始凭证的填制。下面以“收料单”、“增值税专用发票”为例，介绍一次原始凭证的填制方法。

（1）收料单的填制。收料单是企业购进材料验收入库时，由仓库保管人员根据购入材料的实际验收情况填制的一次性原始凭证。

企业外购材料，都应履行入库手续，由仓库保管人员根据供应单位开来的发票账单，按实收数量填制“收料单”。

收料单通常是一料一单，一式三联，一联留仓库，据以登记材料物资明细账和材料卡片；一联随发票账单到会计部门报账；一联交采购部门或人员存查。

小知识

原始凭证签章要求：

1. 从外单位取得的原始凭证，必须盖有填制单位的公章；

2. 从个人取得的原始凭证，必须有填制人员的签名或者盖章；

3. 自制原始凭证必须有经办单位领导或者其指定的人员签名或者盖章；

4. 对外开出的原始凭证，必须加盖本单位公章。

【例5-1】 楚天有限责任公司购入M型钢材10吨，单价4 000元，另付购入材料运杂费2 000元。

本例中，仓库保管人员验收后应填制“收料单”，其格式与内容如表5-6所示。

表5-6

楚天有限责任公司

收 料 单

供货单位：邯钢

发票号码：No. 00661136　　××年5月8日　　收货仓库：1号库

材料类别	材料编号	材料名称及规格	计量单位	数量		实际成本（元）			
				应收	实收	买价		运杂费	合计
						单价	金额		
钢材	022	M型	吨	10	10	4 000	40 000.00	2 000.00	42 000.00
合计							40 000.00	2 000.00	42 000.00

仓库负责人：于洪　　记账：单冬冬　　仓库保管员：王景　　收料：王丹青

（2）增值税专用发票的填制。增值税专用发票是由国家税务总局监制设计印制的，只限于增值税一般纳税人领购使用的，既作为纳税人反映经济活动的重要会计凭证，又是兼记销货方纳税义务和购货方进项税额抵扣的合法证明。

【例5-2】 楚天公司销售5052号铝材10吨给天源贸易有限责任公司，单价13 000元，金额130 000元，双方均为增值税一般纳税人，税率17%，税额22 100元。应开具增值税专用发票如表5-7所示。

提示：原始凭证应连续编号，一式几联的原始凭证应当注明各联的用途，且只能以一联作为报销凭证。作废时应当加盖“作废”戳记，连同存根一起保存，不得撕毁。

2. 累计原始凭证的填制。下面以“限额领料单”为例说明累计凭证的填制方法。

表 5-7

××省增值税专用发票

发 票 联

21000331406 07060422

开票日期：××年5月10日

<table>
<tr><td rowspan="4">国税函[2003]102号 海南华森实业公司</td><td rowspan="1" colspan="1">购货单位</td><td colspan="4">名　　称：天源贸易有限责任公司
纳税人识别号：330100278223624 5
地 址 、电 话：国庆路46号
开户行及账号：建行南山分行 180100112201019</td><td>密码区</td><td colspan="3">6+-〈2〉6〉589+256+/*加密版本01
446〈600375〈35〉〈4/*21000331406
2-2〈2051+24+2618〈7　07060422
/3-15〉〉09/5/-1〉〉〉 +2</td><td rowspan="4">第二联：发票联 销货方记账凭证</td></tr>
<tr><td colspan="2">货物应税劳务名称
铝材
合计</td><td>规格型号
5052</td><td>单 位
吨</td><td>数 量
10</td><td>单 价
13 000</td><td>金 额
130 000.00
130 000.00</td><td>税 率
17%</td><td>税 额
22 100.00
22 100.00</td></tr>
<tr><td colspan="2">价税合计（大写）</td><td colspan="7">人民币壹拾伍万贰仟壹佰元整　　　¥ 152 100.00</td></tr>
<tr><td>销货单位</td><td colspan="4">名　　称：楚天有限责任公司
纳税人识别号：210602002234678
地 址 、电 话：四方街206号，3133666
开户行及账号：工行南四分行 30100112200088</td><td>备注</td><td colspan="3"></td></tr>
</table>

收款人：于娜　　　复核：李一同　　　开票人：刘玉　　　销货单位：（章）

“限额领料单”是多次使用的累计发料凭证。在有效期间内（一般为1个月），只要领用数量不超过限额就可以连续使用。“限额领料单”是由生产、计划部门根据下达的生产任务和材料消耗定额按每种材料用途分别开出的。其填制程序是：

（1）领料部门申请领料时，在限额领料单内填写领料数量等内容，并经负责人签章批准。

（2）仓库依据请领数量，材料的品名、规格在限额内发料，同时将实发数量及限额余额填写在限额领料单内，领发料双方在单内签章。

（3）月末仓库在限额领料单内结出实发数量和结存数量转交会计部门，据以计算材料费用，进行会计核算。

注意：使用限额领料单领料，全月领用材料的数量一般不能超过生产计划部门下达的全月领用限额。

【例5-3】 楚天公司生产办公用铁柜耗用的主要材料为1024号铁板。领用该材料采用限额领料单。3月份领用情况如表5-8所示。

表 5-8

限 额 领 料 单

××年3月

编　　号：2345

领料单位：一车间　　用　　途：办公用铁柜　　材料编号：1024

名称规格：1024#铁板　　计量单位：千克　　领用限额：5 000千克

××年		请领		实发				
月	日	数量	领料单位负责人	数量	累计	发料人	领料人	限额结余
3	5	2 000	李志	2 000	2 000	王景	董利	3 000
	16	800	李志	800	2 800	王景	董利	2 200
	25	1 600	李志	1 600	4 400	王景	董利	600
合计		4 400		4 400	4 400			600

供应部门负责人：郑笑　　生产计划部门负责人：李季　　仓库负责人：于洪

从以上“限额领料单”的记录可知，一车间在当月完成生产任务条件下，实际累计耗用4 400千克，与领用限额5 000千克对比节约600千克。“限额领料单”不仅起到事先控制领料的作用，而且可以减少原始凭证的数量和简化填制凭证的手续。

3. 汇总原始凭证的填制。现以“发料凭证汇总表”为例说明汇总原始凭证的填制方法。

“发料凭证汇总表”是由财会部门根据各部门到仓库领用材料时填制的领料凭证按期汇总形成的原始凭证。

【例5-4】 楚天公司3月份编制的“发料凭证汇总表”如表5-9所示。

表5-9 发料凭证汇总表

××年3月31日 单位：元

应借科目	应贷科目：原材料					发料合计
	明细科目：主要材料				辅助材料	
	1—10日	11—20日	21—30日	小计		
生产成本						
基本生产成本——甲	19 000	20 000	21 000	60 000	3 000	63 000
基本生产成本——乙	8 000	7 500	6 800	22 300	700	23 000
制造费用	1 200	300	5 00	2 000	1 500	3 500
管理费用	600	200	300	1 100		1 100
合计	28 800	28 000	28 600	85 400	5 200	90 600

审核：钱力 填制：谢同

注意：汇总原始凭证只能将同类内容的经济业务汇总在一起，填列在一张汇总原始凭证上，不能将两类或两类以上的经济业务汇总在一起，填列在一张汇总原始凭证上。

三、原始凭证的审核

为了保证会计资料的真实、准确、完整及符合会计法律、法规和制度的规定，充分发挥会计监督的作用，会计人员必须对原始凭证进行严格审核。对原始凭证的审核主要体现在两方面：

（一）审核原始凭证的合法性、真实性

要以国家颁布的有关法律、法规、制度等为依据，审核原始凭证的内容是否合法，有无违反财经纪律等违法乱纪行为；要以本单位制订的计划、预算、合同等规章制度为依据，审查发生的交易、事项是否符合制度、计划、预算、合同等的规定，经济业务活动是否真实可靠。对违反国家法律法规和国家统一会计制度规定的事项，会计人员有权拒绝办理或按照职权予以纠正。对于弄虚作假、营私舞弊、伪造涂改凭证等违法乱纪行为，必须及时揭露，并向领导汇报，严肃处理。

（二）审核原始凭证的准确性、完整性

根据原始凭证的基本内容和填制要求，会计人员要审查原始凭证填写的内容是否符合规定的要求，有关项目是否填列齐全，数字和文字是否正确，书写是否清楚，有关人员是否已签名盖章等。

提示：在审核中应注意，原始凭证不得随意涂改、刮擦、挖补，如发现填写错误需要更正的，应当由开出单位更正，更正处要加盖开出单位的公章。金额有错误的原始凭证，必须由出具单位重开。

在审核过程中，对于不同情况，要分别予以处理：

1. 对于符合要求的原始凭证，应及时据以编制记账凭证；

2. 对于不真实、不合法的原始凭证，会计人员有权不予受理，并向单位负责人报告；

3. 对于内容不全面、手续不完备、数字不准确或者填写有错误的原始凭证，应当退还给有关业务单位或个人，并令其补办手续或进行更正。

第三节　记账凭证的填制与审核

一、记账凭证的认知

尽管原始凭证记载并反映了交易、事项的具体内容，但由于原始凭证来自不同的单位，种类繁多，格式不一，无法清晰地表明应记入的会计科目的名称和方向。所以它并不能将交易、事项发生后所引起的资产与权益的变化情况直接地、总括地反映到有关的账簿中。因此，有必要按照专门的会计方法对原始凭证进行进一步的处理，即通过对原始凭证的分类、归纳，按照复式记账原理和设置账户原则，填制具有统一格式的记账凭证，确定会计分录，将相关的原始凭证附在后面，作为登记账簿的直接依据。这样不仅可以简化记账工作、减少差错，而且有利于原始凭证的保管，便于对账和查账，提高会计工作质量。

（一）记账凭证的基本内容

1. 记账凭证的名称；

2. 填制凭证的日期；

3. 凭证编号；

4. 交易、事项内容摘要；

5. 会计科目、记账方向、记账金额；

6. 所附原始凭证张数；

7. 填制人员、稽核人员、记账人员、会计主管人员的签名或盖章。收款、付款的记账凭证还应由出纳人员签名或盖章。

现以收款凭证为例，说明记账凭证的基本内容，见图5-4。

提示：尽管记账凭证的内容较多，但其核心内容则是会计分录，即会计科目、记账方向和记账金额。

（二）记账凭证的分类

记账凭证最常见的分类方法，是按其反映的交易、事项内容与货币资金的关系，分为收款凭证、付款凭证和转账凭证。

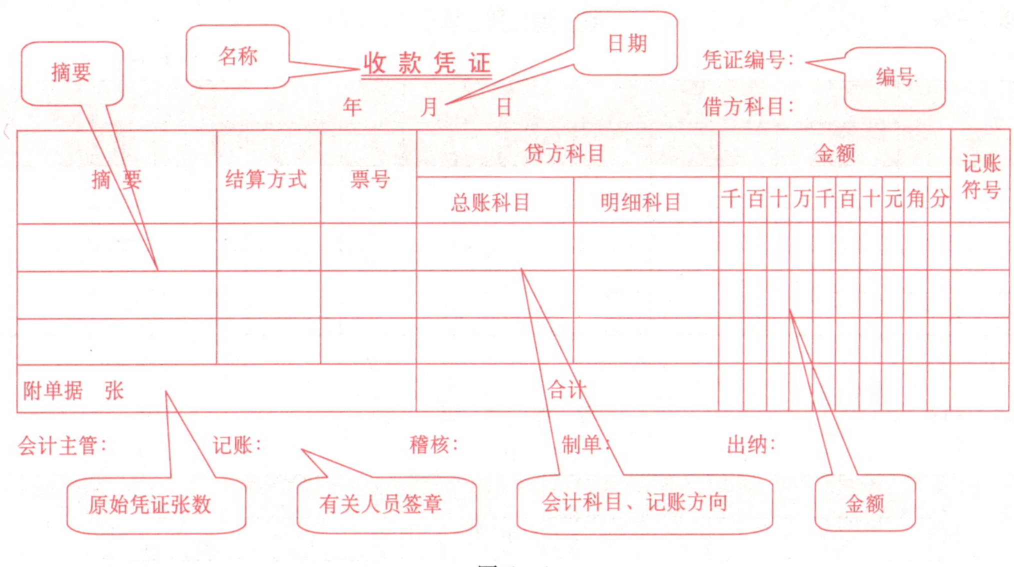

图5－4

1. 收款凭证是根据现金和银行存款收款业务的原始凭证填制的记账凭证。其格式如图5－4所示。收款记账凭证还可以分为现金收款凭证和银行存款收款凭证两种。

2. 付款凭证是根据现金和银行存款付款业务的原始凭证填制的记账凭证。其格式如表5－10所示。

表5－10 **付 款 凭 证**

凭证编号：

年 月 日 贷方科目：

摘 要	借方科目		金 额										记账符号
	总账科目	明细科目	千	百	十	万	千	百	十	元	角	分	
附单据 张	合计												

会计主管： 记账： 稽核： 制单： 出纳： 领款人：

想一想：

仔细观察一下，付款凭证与收款凭证的主要区别在哪里？

根据付款内容的不同，付款记账凭证又可以分为现金付款凭证和银行存款付款凭证两种。

3. 转账凭证是根据转账业务的原始凭证填制的记账凭证。其格式有表5－11、表5－12两种。

在实际工作中，如果是规模较大、款项收付业务比较多的大中型企业，通常采用收、付、转三种记账凭证进行会计核算。反之，如果是规模较小、款项收付业务比较少的单位，

表 5－11 **转 账 凭 证**

年 月 日 凭证编号：

摘要	借方科目		贷方科目		金额										记账符号
	总账科目	明细科目	总账科目	明细科目	千	百	十	万	千	百	十	元	角	分	
附单据 张			合计：												

会计主管： 记账： 稽核： 制单：

表 5－12 **转 账 凭 证**

年 月 日 凭证编号：

摘要	会计科目		借方金额										贷方金额										记账符号
	总账科目	明细科目	千	百	十	万	千	百	十	元	角	分	千	百	十	万	千	百	十	元	角	分	
附单据 张		合计：																					

会计主管： 记账： 审核： 制单： 出纳：

则可以采用通用记账凭证来记录所有交易、事项。采用通用记账凭证的单位，不再根据交易、事项的内容区分收款凭证、付款凭证和转账凭证，而是将所有的交易、事项进行统一编号，在通用记账凭证中进行记录。其格式与转账凭证的格式基本相同，如表 5－11、表 5－12 所示。

二、记账凭证的填制

（一）记账凭证的填制要求

填制记账凭证是对原始凭证的整理和归类。在填制时，要按照复式记账的原理，正确运用会计科目，确定会计分录，以准确地反映所发生的交易、事项，并作为登记账簿的依据。

填制记账凭证的具体要求如下：

1. 审核原始凭证。填制记账凭证所依据的必须是经审核无误的原始凭证或汇总原始凭证。

2. 填写记账凭证日期。收付款业务因为要登入当天的日记账，因此涉及收付款业务记账凭证的日期应按现金或银行存款收付的日期填写；涉及转账业务的记账凭证按收到原始凭证的日期填写，但在摘要栏要注明交易、事项发生的实际日期。

3. 填写记账凭证编号。记账凭证在一个月内要连续编号，以便查核。

如果按照交易、事项的内容加以分类，采用收、付、转格式的记账凭证，记账凭证的编号应采用**字号顺序编号法**。即把不同类型的记账凭证用字加以区别，再把同类记账凭证顺序号加以连续。三种格式的记账凭证，采用字号编号法时，具体地编为“收字第××号”，“付字第××号”，“转字第××号”。例如，5 月 12 日收到一笔现金，是该月第 30 笔收款业务，记录该笔交易的记账凭证的编号为“收字第 30 号”。

如果一笔交易、事项需要填制一张以上的记账凭证时，记账凭证的编号可采用**分数编号法**。例如，一笔业务需要编制三张转账凭证，凭证号为5号，则这三张的编号为转$5\frac{1}{3}$，转$5\frac{2}{3}$，转$5\frac{3}{3}$。

4. 摘要简明。“摘要”栏要运用简明扼要的语言概括表述交易、事项的主要内容。

5. 正确使用会计科目，编制会计分录。

6. 记账凭证上应注明所附的原始凭证张数，以便查核。如果根据同一原始凭证填制数张记账凭证时，则应在未附原始凭证的记账凭证上注明“附件××张，见第××号记账凭证”。如果原始凭证需要另行保管时，则应在附件栏目内加以注明，但更正错账和结账的记账凭证可以不附原始凭证。

7. 复核检查记账凭证。填写完毕的记账凭证应由有关人员进行复核，并签名盖章。

（二）记账凭证的填制方法

1. 收款凭证的填制方法。收款凭证是根据有关现金和银行存款收入业务的原始凭证填制的，是登记现金日记账、银行存款日记账、有关明细账和总账等账簿的依据。其填制程序是：

（1）在收款凭证右上方填列的借方科目，应是“库存现金”或“银行存款”科目；

（2）按填制记账凭证的日期填写“年、月、日”；

（3）按记账凭证的填制顺序连续编号；

（4）简明扼要填写经济业务摘要；

（5）在“贷方科目”填写与“库存现金”或“银行存款”相对应的科目；

（6）在金额栏内填列贷方科目的金额；

（7）在合计栏内计算填写总金额；

（8）将金额栏中的空白划线注销；

（9）填写所附原始凭证张数；

（10）有关人员在记账凭证下相应处签名或盖章。

【例5－5】 四海公司3月1日销售办公桌椅100套，单价400元，价款40 000元，增值税销项税款6 800元，收到购买单位支票一张，已填好进账单存入银行。

根据审核无误的原始凭证填制银行存款收款凭证，其内容与格式如表5－13所示。

表5－13

收　款　凭　证

凭证编号：银收字第14号

××年3月1日　　　　借方科目：银行存款

摘　要	结算方式	票号	贷方科目		金额										记账符号
			总账科目	明细科目	千	百	十	万	千	百	十	元	角	分	
售出办公桌椅100套	支票	01897567	主营业务收入	办公桌椅				4	0	0	0	0	0	0	
			应交税费	应交增值税					6	8	0	0	0	0	
附单据2张			合计				¥	4	6	8	0	0	0	0	

财务主管：王可　　记账：李志　　审核：周月　　制单：任同　　出纳：赵玉　　交款人：周由

想一想：

表 5－13 这张收款记账凭证所附的两张原始凭证是什么？

2. 付款凭证的填制方法。付款凭证是根据有关现金和银行存款支付业务的原始凭证填制的，是登记现金日记账、银行存款日记账、有关明细账和总账的依据。其填制程序与收款凭证基本相同。

【例 5－6】 四海公司 1 月 16 日购入木材一批，买价 70 000 元，增值税进项税额 11 900 元，共计 81 900 元。开出支票一张支付款项，材料已入库。根据审核无误的原始凭证填制银行存款付款凭证。其内容与格式如表 5－14 所示。

表 6－14 **付 款 凭 证**

凭证编号：银付字第 33 号

××年 1 月 16 日 贷方科目：银行存款

摘　要	借方科目		金额										记账符号
	总账科目	明细科目	千	百	十	万	千	百	十	元	角	分	
购入木材一批	原材料	木料				7	0	0	0	0	0	0	
	应交税费	应交增值税				1	1	9	0	0	0	0	
附单据 3 张	合计				¥	8	1	9	0	0	0	0	

财务主管：王可　记账：李志　审核：周月　制单：任同　出纳：赵玉　领款人：

想一想：

表 5－14 的付款记账凭证所附的 3 张原始凭证是什么？

如前所述，在采用“收款凭证”、“付款凭证”和“转账凭证”等记账凭证的情况下，涉及现金和银行存款收款业务的，要填制收款凭证；涉及现金和银行存款付款业务的，要填制付款凭证；涉及转账业务，填制转账凭证。

但涉及现金和银行存款之间的划转业务，应如何填制记账凭证呢？按规定只填制付款凭证，以免重复记账。如现金存入银行只填制一张**“现金付款凭证”**。

【例 5－7】 5 月 2 日，四海公司将现金 50 000 元送存银行。

根据审核无误的原始凭证，填制**“现金付款凭证”**，如表 5－15 所示。

同样道理，对于从银行提取现金的交易业务，则只填制一张“银行存款付款凭证”。

对于以上现金、银行存款之间划转业务所填制的付款凭证，应据以同时登记现金日记账和银行存款日记账。

3. 转账凭证的填制方法。转账凭证是用以记录与现金或银行存款收付无关的转账业务的凭证，它是由会计人员根据审核无误的原始凭证填制的。

【例 5－8】 四海公司 5 月 31 日计提当月折旧 28 000 元，其中生产车间提折旧 19 000 元，厂部管理部门提折旧 9 000 元。

表5－15

付 款 凭 证

凭证编号：现付字第123号

××年5月2日 贷方科目：库存现金

摘要	借方科目		金额										记账符号
	总账科目	明细科目	千	百	十	万	千	百	十	元	角	分	
将现金存入银行	银行存款					5	0	0	0	0	0	0	
附单据1张	合计				¥	5	0	0	0	0	0	0	

财务主管：王可 记账：李志 审核：周月 制单：任同 出纳：赵玉 领款人：

根据“折旧计算表”填制“转账凭证”，其格式与内容如表5－16所示。

表5－16

转 账 凭 证

××年5月31日 凭证编号：转字第212号

摘要	会计科目		借方金额										贷方金额										记账符号
	总账科目	明细科目	千	百	十	万	千	百	十	元	角	分	千	百	十	万	千	百	十	元	角	分	
计提折旧	制造费用	折旧费				1	9	0	0	0	0	0											
	管理费用	折旧费					9	0	0	0	0	0											
	累计折旧															2	8	0	0	0	0	0	
附单据1张	合计				¥	2	8	0	0	0	0	0			¥	2	8	0	0	0	0	0	

会计主管：王可 记账：李志 审核：周月 制单：任同 出纳：

想一想：

在同一项交易、事项中，如果既有现金或银行存款的收付业务，又有转账业务时，应如何填制记账凭证？

【例5－9】 4月1日，四海公司采购员王明出差回来，报销差旅费1 500元，出差前已预借2 000元，剩余款项交回现金。对于这项业务我们应进行的会计处理是：

借：管理费用 1 500

  库存现金 500

  贷：其他应收款——王明 2 000

应根据借款单第三联填制现金收款凭证，如5－17所示，同时根据差旅费报销单填制转账凭证，如表5－18所示。

如果四海公司采用通用记账凭证进行核算，则例5－9的经济业务可以编制如表5－19所示的记账凭证。

表 5－17　　　　**收 款 凭 证**

凭证编号：现收字第 4 号

××年 4 月 1 日　　　　借方科目：库存现金

摘 要	结算方式	票号	贷方科目		金额										记账符号
			总账科目	明细科目	千	百	十	万	千	百	十	元	角	分	
交回剩余差旅费			其他应收款	王明						5	0	0	0	0	
附单据 1 张			合计						¥	5	0	0	0	0	

财务主管：王可　记账：李志　审核：周月　制单：任同　出纳：赵玉　交款人：周由

表 5－18　　　　**转 账 凭 证**

××年 4 月 1 日　　　　凭证编号：转字第 12 号

摘 要	会计科目		借方金额										贷方金额										记账符号
	总账科目	明细科目	千	百	十	万	千	百	十	元	角	分	千	百	十	万	千	百	十	元	角	分	
报销差旅费	管理费用	差旅费					1	5	0	0	0	0											
	其他应收款	王明															1	5	0	0	0	0	
附单据 1 张	合 计：					¥	1	5	0	0	0	0				¥	1	5	0	0	0	0	

会计主管：王可　记账：李志　审核：周月　制单：任同　出纳：

表 5－19　　　　**通用记账凭证**

××年 4 月 1 日　　　　凭证编号：第 12 号

摘 要	会计科目		借方金额										贷方金额										记账符号
	总账科目	明细科目	千	百	十	万	千	百	十	元	角	分	千	百	十	万	千	百	十	元	角	分	
李强报销差旅费	库存现金							5	0	0	0	0											
	管理费用	差旅费					1	5	0	0	0	0											
	其他应收款	王明															2	0	0	0	0	0	
附单据 2 张	合 计：					¥	2	0	0	0	0	0				¥	2	0	0	0	0	0	

会计主管：王可　记账：李志　审核：周月　制单：任同　出纳：赵玉琳

三、记账凭证的审核

（一）合法性审核

审核记账凭证是否附有原始凭证，原始凭证是否齐全，两者记录的内容是否相符，内容是否合法。

（二）合规性审核

审核记账凭证日期、摘要、编号等内容是否填写清楚，尤其要审核应借、应贷科目是否正确，账户对应关系是否清晰，所使用的会计科目及其核算内容是否符合国家统一会计制度的规定，金额计算是否准确，借贷金额合计是否相等。还要注意审核附件张数以及有关人员签章等内容。

在审核过程中，如果发现差错，应查明原因，及时处理和更正。只有经过审核无误的记账凭证，才能据以登记账簿。

第四节　会计凭证的传递与整理

一、会计凭证的传递

会计凭证的传递，是指各种会计凭证从填制、取得到归档保管为止的全部过程。

各种会计凭证，它们所记录的交易、事项不尽相同，办理业务手续和所需的时间也不尽相同。为了能够利用会计凭证，及时反映各项交易、事项，提供会计信息，发挥会计监督的作用，必须正确、及时地进行会计凭证的传递，不得积压。

（一）制订会计凭证传递程序应当注意的问题

科学的传递程序，应该使会计凭证沿着最迅速、最合理的流向运行。使会计凭证的传递过程中只经过必要的部门和人员，并明确规定凭证在每个部门和业务环节停留的最长时间，并指定专人负责按照规定的顺序和时间监督凭证传递。

1. 要根据各单位交易、事项的特点，企业内部机构的设置和人员分工的情况，以及经营管理上的需要，恰当地规定各种会计凭证的联数和所流经的必要环节。做到既要使各有关部门和人员能利用凭证了解经济业务情况，并按照规定手续进行处理和审核，又要避免凭证传递通过不必要的环节，影响传递速度。

2. 要根据有关部门和人员对交易、事项办理必要手续（如计量、检验、审核、登记等）的需要，确定凭证在各个环节停留的时间，保证业务手续的完成。但又要防止不必要的耽搁，从而使会计凭证以最快速度传递，以充分发挥它及时传递经济信息的作用。

3. 建立凭证交接的签收制度，规定每个环节负责传递的责任人员。为了确保会计凭证的安全和完整，在各个环节中都应指定专人办理交接手续，做到责任明确，手续完备、严密、简便易行。

（二）会计凭证的传递要求

会计凭证要在有相关部门和人员中进行及时传递，不得积压。在传递过程中，通常原始凭证粘贴在相应的记账凭证后，并将记账凭证按顺序号排列整齐，用夹子把记账凭证夹好，严防在传递的过程中造成会计凭证散失。传递中，每一个财会人员都有责任确保会计凭证的安全与完整。

二、会计凭证的整理

会计凭证装订前，要对会计凭证进行整理。整理的主要内容有：

1. 整理原始凭证。由于原始凭证的大小与记账凭证的大小可能不完全一样，这就需要会计人员在装订会计凭证前对原始凭证加以适当整理。

对于比记账凭证尺寸大的原始凭证，要按照记账凭证的尺寸大小，先自右向后，再自下向后折叠。注意应把凭证的左上角或左侧面让出来，以便装订后，还可以展开查阅。有的原始凭证不仅面积大，而且数量多，可以单独装订，如工资单、耗料单等，但在记账凭证上应注明保管地点。

对于比记账凭证略小的原始凭证，可先用回形针或大头针别在记账凭证后面，待装订时再抽去回形针或大头针。对于过小的原始凭证，为了确保其不至遗失，一般不直接装订，而是按一定次序和类别排列后粘在一张同记账凭证大小相同的原始凭证粘贴用纸上，同时，在一旁注明张数和合计金额。

2. 装订会计凭证。会计凭证经过加工整理之后，按照编号顺序，外加封面、封底，装订成册，并在装订线上加贴封签。在封面上，应写明单位名称、年度、月份、记账凭证的种类、起讫日期、起讫号数等内容，并在封签骑缝处加盖会计主管的图章。会计凭证一般每月装订一次。

3. 保管会计凭证。在立卷存档之前，会计凭证的保管由财会部门保管，年终再进行登记归档。保管过程中应注意以下问题：

（1）装订成册的会计凭证，应集中保管，并指定专人负责。

（2）会计凭证应加贴封条，防止抽换凭证。原始凭证不得外借，其他单位如有特殊原因确实需要使用时，经本单位会计机构负责人或会计主管人员批准，可以复制。向外单位提供的原始凭证复制件，应在专设的登记簿上登记，并由提供人员和收取人员共同签名盖章。

（3）原始凭证较多时，可单独装订保管，但应在凭证封面注明所属记账凭证的日期编号和种类，同时在所属的记账凭证上应注明“附件另订”及原始凭证的名称和编号，以便查阅。

（4）需要查阅会计凭证时，要办理相应的手续制度。

（5）会计年度结束后，财会部门应将保管的会计凭证及时移交档案部门，并办理交接手续。

知识检测

一、单项选择题

1. 每项经济业务发生或完成时取得或填制的凭证是（　　）。

A. 原始凭证　　B. 记账凭证

C. 收款凭证　　D. 付款凭证

2. 从银行提取现金，一般应填制的记账凭证是（　　）。

A. 现金收款凭证　　B. 银行付款凭证

C. 转账凭证　　D. 分别填制银行付款凭证和现金收款凭证

3. 下列凭证中，不能作为记账依据的原始凭证有（　　）。

A. 发料单　　B. 工资结算单

C. 出差车票　　D. 购销合同

4. 管理部门使用的固定资产计提折旧，应填制的记账凭证是（　　）。

A. 收款凭证　　B. 付款凭证

C. 转账凭证　　D. 汇总记账凭证

5. 填制记账凭证的依据是（　　）。

A. 自制的原始凭证　　B. 外来的原始凭证

C. 汇总原始凭证　　D. 审核无误的原始凭证

二、多项选择题

1. 以下会计凭证中，属于一次原始凭证的有（　　）。

A. 收料单　　B. 借款单

C. 销售发票　　D. 限额领料单

2. 原始凭证按其填制手续及方式可分为（　　）。

A. 一次原始凭证　　B. 累计原始凭证

C. 外来原始凭证　　D. 汇总原始凭证

3. 记账凭证按其反映的交易、事项与货币资金的关系可分为（　　）。

A. 收款凭证　　B. 付款凭证

C. 转账凭证　　D. 汇总记账凭证

4. 下列原始凭证属于自制凭证的有（　　）。

A. 收料单　　B. 领料单

C. 工资结算单　　D. 购货时取得的发票

5. 原始凭证的内容有（　　）。

A. 凭证的名称、日期、编号　　B. 接受单位或个人名称

C. 业务内容及其数量、单价和金额　　D. 填制单位及有关人员签名或者盖章

实操训练

实训一：

[目的] 练习收付款记账凭证的填制。

[资料]

1. 3 月 2 日，天兴公司收到 A 公司偿还的前欠货款 30 000 元，存入银行。

2. 3 月 6 日，天兴公司购进甲材料一批，取得的专用发票上记载的货款为 10 000 元，增值税 1 700 元，全部款项已用银行存款支付，材料运到并验收入库。

[要求] 根据天兴公司 3 月份发生的上述交易事项，填制表 1、表 2。

表 1

收 款 凭 证

年 月 日

凭证编号：
借方科目：

摘 要	结算方式	票 号	贷方科目		金 额										记账符号
			总账科目	明细科目	千	百	十	万	千	百	十	元	角	分	
附单据 张			合 计												

财务主管： 记账： 审核： 制单： 出纳： 交款人：

表 2

付 款 凭 证

凭证编号：
年 月 日
贷方科目：

摘 要	借方科目		金 额										记账符号
	总账科目	明细科目	千	百	十	万	千	百	十	元	角	分	
附单据 张	合计												

会计主管： 记账： 稽核： 制单： 出纳： 领款人：

实训二：

［目的］练习转账记账凭证的填制。

［资料］

1. 5月6日，天兴公司从H公司购进甲材料一批，增值税专用发票上记载的货款为80 000元，增值税13 600元。款项尚未支付，材料已验收入库。

2. 5月10日，天兴公司 生产A产品领用甲材料40 000元。

［要求］根据天兴公司5月份发生的上述交易事项，填制如下转账记账凭证表3、表4。

表 3

转 账 凭 证

年 月 日

凭证编号：

摘 要	会计科目		借方金额										贷方金额										记账符号
	总账科目	明细科目	千	百	十	万	千	百	十	元	角	分	千	百	十	万	千	百	十	元	角	分	
附单据 张		合计																					

会计主管： 记账： 审核： 制单：

表4

转账凭证

年　月　日　　　　　　　　　　　　凭证编号：

摘要	会计科目		借方金额										贷方金额										记账符号
	总账科目	明细科目	千	百	十	万	千	百	十	元	角	分	千	百	十	万	千	百	十	元	角	分	
附单据　张		合计																					

会计主管：　　　记账：　　　审核：　　　制单：　　　出纳：

第6单元

登记账簿

单元重点：☐ 会计账簿的分类
☐ 账簿登记的规则
☐ 日记账、明细账的登记方法
☐ 错账更正的方法

第一节 会计账簿的含义及分类

一、会计账簿的含义

会计账簿（简称账簿）是指由一定格式的账页组成的，以会计凭证为依据，用于全面、系统、连续、综合地记录和反映各项交易、事项的簿籍。

登记账簿是会计核算的一种专门方法，是连接会计凭证与会计报表的中间环节，起着重要的承上启下的作用。通过账簿的登记，可以对会计信息进行分类、汇总、记载、储存，并可以检查、校正会计信息的准确性，从而确保提供的会计信息真实完整。

提示：会计账簿与账户的关系：

1. 账户存在于账簿之中，账簿中的每一账页就是账户存在的载体；
2. 账簿所要记载的交易、事项，是在账户中完成的。

二、会计账簿的分类

（一）按性质和用途分类

账簿按其性质和用途，可分为日记账、分类账和备查账。

1. 日记账。日记账也称“序时账簿”，是按交易、事项发生时间的先后顺序逐日、逐笔记录交易、事项的账簿。日记账按记录交易、事项范围的不同，又分为普通日记账和特种日记账。普通日记账是按照时间顺序将所有交易、事项记录在账簿中；特种日记账是按照时间顺序将某一类交易、事项记录在账簿中。例如，现金日记账、银行存款日记账就是特种日记账。日记账的分类见图6－1。

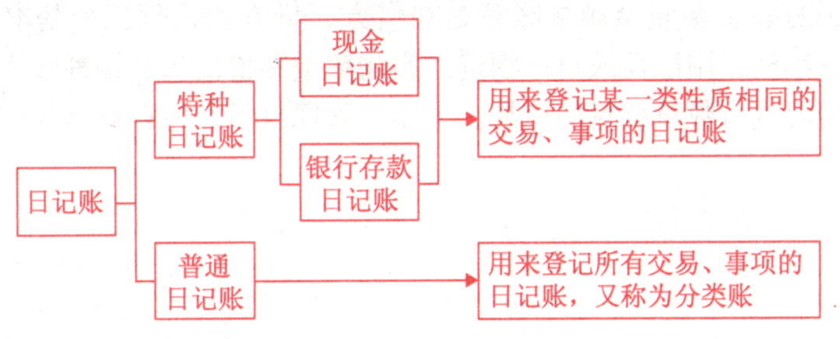

图6－1　日记账的分类

2. 分类账。分类账是对全部交易、事项按照总分类账户和明细分类账户进行分类登记的账簿。因此，分类账又分为总分类账簿和明细分类账簿（见图6－2）。总分类账簿简称“总账”，明细分类账簿简称“明细账”。

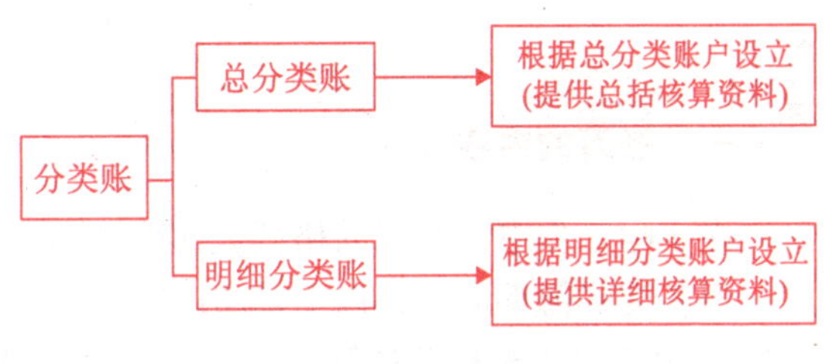

图6－2　分类账的分类

3. 备查账。备查账又称“辅助账”，是对日记账和分类账等主要账簿中不能记载或记载不全的交易、事项进行补充登记的账簿，如租入固定资产登记簿、应收票据贴现备查簿等。

（二）按外在形式分类

账簿按照外在形式分类，可分为订本账、活页账、卡片账。

1. 订本账。是在启用前已按顺序编号，并将账页固定装订成册的账簿。

注意：总分类账簿和现金日记账、银行存款日记账必须采用订本账。

2. 活页账。是在账簿登记完毕之前并不固定装订在一起，而是将账页装在活页账夹中。当账簿登记完毕（通常指一个会计年度）之后，再将账页予以装订，加具封面，并给各账页连续编号。

提示：各种明细分类账一般采用活页账。

3. 卡片账。卡片账是由若干具有专门格式的卡片账页排列在卡片箱中所组成的账簿。严格地说，卡片账也是一种活页账，只不过它不是装在活页账夹内，而是装在卡片箱内。卡片账一般在实物保管、使用部门运用，如“固定资产卡片”等。

（三）按账页格式分类

账簿按账页格式分类，可分为两栏式、三栏式、多栏式和数量金额式账簿。

1. 两栏式账簿。两栏式账簿是设有借方、贷方两个基本金额栏目的账簿，如普通日记账一般采用两栏式。

2. 三栏式账簿。三栏式账簿是设有借方、贷方和余额三个金额栏目的账簿。各种日记账、总分类账以及资本、债权、债务明细账都可采用三栏式账簿，是目前实际工作中最常用的账簿之一。它适用于只需要进行金额核算的交易、事项。

3. 多栏式账簿。多栏式账簿的基本栏目也是借方、贷方和余额三栏，但根据交易、事项的特点和需要，在借方或贷方栏目下分设若干专栏，以详细记载某一交易、事项的变动情况。如收入、费用明细账，本年利润明细账等一般采用这种格式的账簿。

4. 数量金额式账簿。数量金额式账簿是在借方、贷方和余额三个基本栏目内，分设数量、单价和金额三小栏，用以反映财产物资的实物数量和价值量。该种账簿适用于既需要进行金额核算，又需要进行数量核算的交易、事项，如原材料、库存商品等明细账一般都采用数量金额式账簿。

第二节　登记账簿的规则

一、账簿的内容

在实际工作中，账簿的格式是多种多样的，不同格式账簿所包括的具体内容也不尽相同。但各类账簿都应具备以下基本内容：

1. 封面。主要标明账簿的名称，如总分类账、明细分类账、日记账等，一般还应标明记账单位名称。

2. 扉页。主要列明账簿启用时间和经管人员一览表（主要指订本账，活页账和卡片账要在装订成册后填列此一览表）。格式如表 6－1 所示。

表 6－1　　账簿启用时间和经管人员一览表

单位名称：　　账簿名称：　　账簿编号：　　账簿页数：

启用日期：　　截止日期：　　记账人员：　　会计主管：

移交日期			移交人		接管日期			接管人		会计主管	
年	月	日	姓名	签章	年	月	日	姓名	签章	姓名	签章

3. 账页。账页是账簿的主要内容，是用来记录具体交易、事项的载体。其基本内容包括：（1）账户名；（2）日期栏；（3）凭证种类和号数栏；（4）摘要栏；（5）金额栏；（6）总页数和分页数。

二、登记账簿的规则

1. 认真审核会计凭证。只有经过审核无误的会计凭证才能作为登记账簿的依据。

2. 各项内容填列齐全。登账时，要将账页上的日期、摘要、金额等有关资料填写齐全，做到数字准确、摘要清楚、登记及时、字迹工整。

3. 作好登账标识。每一笔交易、事项在账簿中登记完毕后，要在所依据的记账凭证上签名或盖章，并作出记账标识，表明交易、事项已经记账，防止重复登记。具体做法见表6－2。

表6－2　　**通用记账凭证**

××年1月31日　　凭证编号：转字 212 号

摘要	会计科目		借方金额										贷方金额										记账符号
	总账科目	明细科目	千	百	十	万	千	百	十	元	角	分	千	百	十	万	千	百	十	元	角	分	
计提折旧	制造费用	折旧费					9	0	0	0	0	0											√
	管理费用	折旧费					5	0	0	0	0	0											√
	累计折旧															1	4	0	0	0	0	0	√
附单据 1 张		合计			¥	1	4	0	0	0	0	0			¥	1	4	0	0	0	0	0	

会计主管：王可　　记账：李志　　审核：周月　　制单：任同　　出纳：

记账人员签名或盖章

已经登账的标识

4. 登账用笔要求。登账必须使用蓝黑或者碳素墨水书写，不得使用铅笔或圆珠笔书写。红色墨水只允许在特殊情况下使用。

提示：在账簿登记中，红字表示减少数，一般不能随便使用。下列情况下方可使用红字：

1. 根据用红字编制的记账凭证在账页上冲销错账；
2. 在不设借方（或贷方）等栏的多栏式账页中登记减少数；
3. 在三栏式账页的余额栏前，如未印明余额方向的，在余额栏登记负数余额；
4. 根据国家统一会计制度的规定可以用红字登记的其他会计记录。

5. 书写适当留格。账簿上记录的文字必须清晰，数字必须规范。在书写文字、数字时，不要占满格，要紧靠本行底线，一般占行高的1/2，即上方要适当留有空距，以便于发生错误时，为划线更正留有余地。见表6－3。

表6－3　　**账簿中数字和文字的正确书写**

总分类账

会计科目：短期借款

××年		凭证编号	摘要	借方										贷方										借或贷	余额									
月	日			千	百	十	万	千	百	十	元	角	分	千	百	十	万	千	百	十	元	角	分		千	百	十	万	千	百	十	元	角	分
10	1		期初余额																					贷				3	0	0	0	0	0	0
	12	略	偿还借款				1	0	0	0	0	0	0																					

书写错误(占满格)

书写正确(占1/2格)

6. 账页连续登记。登账时必须按照编定的页次连续登记，不得跳行、隔页。若不慎出现跳行、隔页时，要划斜线注销，或者注明“此行空白”、“此页空白”字样，并由记账人员在空白处签名或盖章。具体处理方法见表6－4、表6－5。

表6－4 发生跳行的处理方法

现金日记账

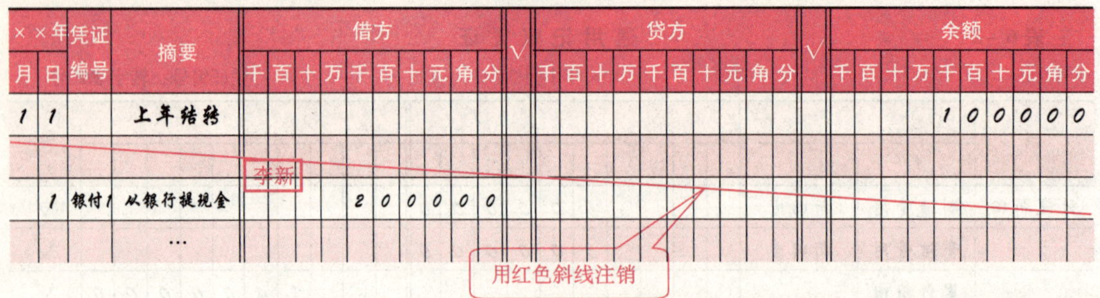

××年		凭证	摘要	借方										√	贷方										√	余额									
月	日	编号		千	百	十	万	千	百	十	元	角	分		千	百	十	万	千	百	十	元	角	分		千	百	十	万	千	百	十	元	角	分
1	1		上年结转																											1	0	0	0	0	0
	1	银付1	从银行提现金					2	0	0	0	0	0																						
			…																																

7. 结出余额，标明方向。凡需结出余额的账户，结出余额后，应在“借或贷”栏内注明“借”或“贷”字样，没有余额的账户，在“借或贷”栏内写“平”字，并在余额栏内的“元”位上用“θ”表示。

注意：现金日记账、银行存款日记账必须逐日结出余额！

8. 账页结转，过次承前。在每一账页的最后一行，应结出本页发生额合计数及余额，并在摘要栏内注明“过次页”；然后将此发生额合计数及余额填写在次页的第一行，并在摘要栏内注明“承前页”。具体做法见表6－6、表6－7。

表6－5 发生隔页的处理方法

现金日记账

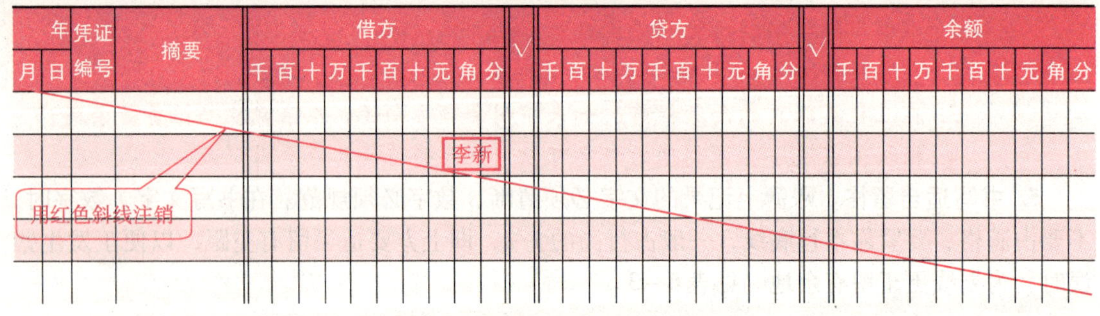

年		凭证	摘要	借方										√	贷方										√	余额									
月	日	编号		千	百	十	万	千	百	十	元	角	分		千	百	十	万	千	百	十	元	角	分		千	百	十	万	千	百	十	元	角	分

表6－6 **总 分 类 账**

会计科目：原材料

××年		凭证	摘要	借方										贷方										借	余额									
月	日	编号		千	百	十	万	千	百	十	元	角	分	千	百	十	万	千	百	十	元	角	分	或贷	千	百	十	万	千	百	十	元	角	分
10	1		期初余额																					借				3	4	6	0	0	0	0
	12	略	购入				3	7	5	0	0	0	0																					
	…		…																															
	…		…																															
	22	略	过次页			2	6	4	8	2	0	0	0				2	3	5	6	4	0	0	借				6	3	7	8	0	0	0

在每张账页的最后一行“过次页”

表6－7　　　　　　　　　　　　　　总　分　类　账

会计科目：

原材料　　在新账页的第一行“承前页”

××年		凭证编号	摘要	借方										贷方										借或贷	余额									
月	日			千	百	十	万	千	百	十	元	角	分	千	百	十	万	千	百	十	元	角	分		千	百	十	万	千	百	十	元	角	分
10	22	略	承前页			2	6	4	8	2	0	0	0				2	3	5	6	4	0	0	借				6	3	7	8	0	0	0
	…		…																															
	…		…																															

9. 不得涂改、挖补、刮擦。由于记账而发生的错误，不得随意涂改，更不能挖补、刮擦，要用正确的方法按照规定的手续进行错账更正。

第三节　登记账簿的方法

一、日记账的格式及登记方法

本节我们重点以现金日记账为例，讲述三栏式和多栏式现金日记账的格式及登记方法。

提示：无论采取三栏式或多栏式，特种日记账必须采用订本账！

（一）三栏式现金日记账的格式及登记方法

现金日记账由出纳人员根据现金收付款记账凭证，按时间顺序逐日逐笔进行登记，逐日结出现金余额，并与库存现金实存数核对，以检查账实是否相符，做到日清日结。

1. 格式。三栏式现金日记账设有借方、贷方和余额三个金额栏，也可将其称为收入、支出和结余栏。其格式见表6－8。

表6－8　　　　　　　　　　现金日记账（三栏式）

××年		凭证编号	摘要	借方										√	贷方										借或贷	余额									
月	日			千	百	十	万	千	百	十	元	角	分		千	百	十	万	千	百	十	元	角	分		千	百	十	万	千	百	十	元	角	分
1	1		上年结转																						借					1	0	0	0	0	0
	1	银付1	从银行提现金					2	0	0	0	0	0																						
	1	现付1	购买办公用品																	8	0	0	0	0											
	1	现付2	预借差旅费																1	5	0	0	0	0	借						7	0	0	0	0
	2		…																																
			…																																
	31		本月合计																																

2. 登记方法：

日期：与记账凭证日期一致，记账凭证的日期要与现金实际收付日期一致；

凭证编号：据以入账的凭证种类及编号；

摘要：简要说明交易、事项的内容；

收入（或借方）：根据现金收款凭证和银行存款付款凭证中的合计金额填写；

支出（或贷方）：根据现金付款凭证中的合计金额填写；

结余（或余额）：是指现金收、支后及时结出的余额。

【例6-1】 1月1日，国泰公司上年结转现金余额为1 000元。1月1日根据发生的业务编制如下记账凭证：

①1月1日，从银行提取现金2 000元，备用。编制银付1号凭证：

借：库存现金　　2 000

　　贷：银行存款　　2 000

②1月1日，以现金购买办公用品800元。编制现付1号凭证：

借：管理费用　　800

　　贷：库存现金　　800

③1月1日，以1 500元现金支付预借差旅费。编制现付2号凭证：

借：其他应收款　　1 500

　　贷：库存现金　　1 500

依据编制的记账凭证登记三栏式现金日记账，见表6-8。

（二）多栏式现金日记账的格式及登记方法

1. 多栏式现金日记账的格式。多栏式日记账是在三栏式日记账的基础上发展起来的。这种日记账是在借方、贷方两个金额栏内都按对方科目设专栏。这种格式的日记账，在月末结账时可以结出各专栏用途的合计数，便于对收支的合理合法性进行分析审核。但如果借、贷两方对应的科目太多时会造成账页过长，不利于记账，也不利于保管。因此，在实际工作中，一般分设成“现金支出日记账”（其格式见表6-9）和“现金收入日记账”（其格式见表6-10）。

2. 多栏式现金日记账的具体登记方法如下：

首先，根据有关现金收入业务的记账凭证登记现金收入日记账（日期、摘要、凭证编号等栏的登记方法同上，不再赘述）；

其次，根据有关现金支出业务的记账凭证登记现金支出日记账；

最后，在每日营业终了前，根据现金支出日记账结计的支出合计数，一笔转入现金收入日记账的“支出合计”栏中，并结出当日余额。

需要指出的是，银行存款日记账的格式与现金日记账的格式基本相同，可以采用三栏式或多栏式。但不管采用哪种格式，都应在适当位置增加一栏“结算凭证”，用于记账时标明每笔业务的结算凭证及编号，便于与银行核对账目。其登记方法与现金日记账的登记方法基本相同，在此不再赘述。

二、分类账的格式及登记方法

（一）总分类账的格式及登记方法

总分类账、即总账，是根据总分类账户进行分类登记的账簿，用以记录和反映全部交易、事项的总括材料。

总分类账必须采用订本账，最常用的格式为三栏式，即设置借方、贷方和余额三个基本金额栏目。

表 6－9

现金支出日记账

××年 月	日	凭证编号 字	号	摘要	借方科目：银行存款	其他应收款	管理费用	…	支出合计
1	1	现付	1	买办公用品			80000		80000
	1	现付	2	支付押金		150000			230000
	2			…					

注：表中数字根据例 6－1 资料填列。

每日终了，结记本日支出合计数

表 6－10

现金收入 日记账

××年 月	日	凭证编号 字	号	摘要	贷方科目：银行存款	主营业务收入	…	收入合计	支出合计	借或贷	结余
1	1			上年结转						借	100000
	1	银付	1	从银行提现	200000						
				本日支出数					230000	借	70000
	2			…							

注：表中数字根据例 6－1 资料填列。

将支出日记账中的“支出合计”数过入，结记本日库存现金余额

总分类账的登记方法，一般取决于单位所采用的账务处理程序（账务处理程序我们将在第 8 单元予以详细介绍）。它既可以根据记账凭证逐笔登记，也可以根据科目汇总表或汇总记账凭证等登记。

（二）明细分类账的格式及登记方法

明细分类账，即明细账，是按照明细分类账户进行分类登记的账簿，用以提供某一类交易、事项的详细资料。

明细分类账一般采用活页账，其格式有三栏式、多栏式、数量金额式和横线登记式（或称平行式）等多种。

1. 三栏式明细分类账的格式及登记方法。

（1）三栏式明细账的格式。三栏式明细账与三栏式总账格式相同，即设有借方、贷方和余额三个金额栏目，适用于只进行金额核算的账户。如“应收账款”、“应付账款”等往来结算明细账户，都采用此格式。

（2）三栏式明细账的登记方法。三栏式明细账是根据审核无误的记账凭证或原始凭证，按交易、事项的先后顺序逐笔进行登记的。具体如下：

日期、凭证编号、摘要：按照记账凭证进行登记。

借方：根据记账凭证中的借方金额登记。

贷方：根据记账凭证中的贷方金额登记。

余额：计算填列。

【例 6－2】 新元公司应收账款明细账为兴平公司 3 月 1 日借方余额为 50 000 元。3 月发生如下业务，并编制记账凭证：

① 3 月 5 日，企业销售给兴平公司一批产品，价款 20 000 元，增值税 3 400 元，产品已经发出，但尚未收到款项。编制转 5 号记账凭证如下：

借：应收账款——兴平公司　　23 400

　　贷：主营业务收入　　20 000

　　　　应交税费——应交增值税（销项税额）　　3 400

②3 月 11 日，企业收回兴平公司前欠货款 50 000 元，存入银行。编制银收 18 号凭证如下：

借：银行存款　　50 000

　　贷：应收账款——兴平公司　　50 000

根据上述业务登记“应收账款——兴平公司”明细账，见表 6－11。

表 6－11　　应收账款明细账

明细科目：兴平公司

××年		凭证编号	摘要	借方										贷方										借或贷	余额									
月	日			千	百	十	万	千	百	十	元	角	分	千	百	十	万	千	百	十	元	角	分		千	百	十	万	千	百	十	元	角	分
3	1		期初余额																					借				5	0	0	0	0	0	0
	5	转 5	销售产品尚未收到款项				2	3	4	0	0	0	0											借				7	3	4	0	0	0	0
	11	银收 18	收回以前欠款存入银行														5	0	0	0	0	0	0	借				2	3	4	0	0	0	0
		…																																

2. 多栏式明细账的格式及登记方法。

（1）多栏式明细账的格式。多栏式明细账是根据需要，将借方或贷方金额栏按照明细项目分设若干个专栏。因此，多栏式明细账又分为借方多栏式、贷方多栏式和借贷方多栏式三种格式。如“生产成本”、“管理费用”、“制造费用”等成本、费用账户，多采用借方多栏的格式；收入类账户多采用贷方多栏的格式。

（2）多栏式明细账的登记。下面以借方多栏式明细账为例说明其登账方法。多栏式明细账是根据审核无误的记账凭证或原始凭证逐笔登记的，平时在借方登记费用成本的发生额，月末贷方登记将借方发生额一次转出的数额。

【例6－3】 大恒公司3月发生如下有关管理费用的业务并编制记账凭证：

①3月2日，购买办公用品，支付现金300元。编制现付2号凭证如下：

借：管理费用 300

　贷：库存现金 300

②3月19日，计提管理部门用固定资产的折旧4 800元。编制转22号凭证如下：

借：管理费用 4 800

　贷：累计折旧 4 800

③3月22日，以银行存款支付管理部门电费3 100元。编制银付16号凭证如下：

借：管理费用 3 100

　贷：银行存款 3 100

④3月25日，以银行存款支付管理部门水费900元。编制银付20号凭证如下：

借：管理费用 900

　贷：银行存款 900

⑤3月31日，分配管理部门负担的薪酬12 000元。编制转25号凭证如下：

借：管理费用 12 000

　贷：应付职工薪酬 12 000

⑥3月31日，结转本月发生的管理费用21 100元至本年利润。编制转35号凭证如下：

借：本年利润 21 100

　贷：管理费用 21 100

根据上述业务登记管理费用明细账，如表6－12所示。3月31日，将所发生的21 100元管理费用一次从贷方转出，结平管理费用账户。

在实际工作中，由于成本费用类科目的明细账贷方发生额较少，也可以采用不设贷方栏的格式。采用这种格式的明细账时，需要在借方用红字登记贷方发生额。如表6－13所示，在月末“结转费用”一栏，依次用红字在借方登记结转的费用发生额，结平管理费用账户。

3. 数量金额式明细账的格式及登记方法。

（1）数量金额式明细账的格式。该类明细账在其借方（收入）、贷方（发出）和余额（结存）都分别设有数量、单价和金额三个专栏，适用于既要进行金额核算又要进行数量核算的账户，如“原材料”、“库存商品”、“周转材料”等存货账户，均采用此格式。如表6－14的原材料明细账。

（2）数量金额式明细账的登记。数量金额式明细账是根据审核无误的记账凭证、原始凭证、汇总原始凭证等，按交易、事项发生的时间顺序逐笔进行登记。具体方法如下：

表 6－12

管理费用　明细分类账（设贷方栏）

××年 月	日	凭证编号	摘要	借方：办公费	借方：工资福利费	借方：折旧费	借方：水电费	借方：其他	借方：合计	贷方	余额
3	2	现付 2	购办公用品	30000					30000		
	19	转 22	计提折旧费			480000			480000		
	22	银付 16	支付电费				310000		310000		
	25	银付 20	支付水费				90000		90000		
	31	转 25	分配工资费		1200000				1200000		
	31	转 35	结转费用							2110000	
			本月合计	30000	1200000	480000	400000		2110000	2110000	

表 6－13

管理费用　明细分类账（不设贷方栏）

××年 月	日	凭证编号	摘要	借方：办公费	借方：工资福利费	借方：折旧费	借方：水电费	借方：其他	借方：合计	余额
1	2	付 2	购办公用品	30000					30000	
	19	转 22	计提折旧费			480000			480000	
	22	付 16	支付电费				310000		310000	
	25	付 20	支付水费				90000		90000	
	31	转 25	分配工资费		1200000				1200000	
			费用小计	30000	1200000	480000	400000		2110000	
	31	转 35	结转费用（红字）	30000	1200000	480000	400000		2110000	

此行结转费用的数字用红字。

日期、凭证编号、摘要：登记方法同前面所述。

收入栏——数量：根据入库数量填列。

——单价：根据计算的单位成本填列。

——金额：根据“数量×单价”计算填列。

发出栏——数量：根据出库数量填列。

——单价：根据不同的方法计算填列，可采用先进先出法、加权平均法等方法。

——金额：根据“数量×单价”计算填列。

结存栏——数量、单价、金额：计算填列。

【例6-4】 大恒公司3月1日“原材料——亚麻纱线”结存数量1.5吨，单价16 000元，金额为24 000元。3月份发生如下有关“原材料——亚麻纱线”的业务，并编制记账凭证。

①3月10日，购入亚麻纱线2吨，单价16 000元，增值税5 440元，材料已入库，款项已付。编制银付4号凭证如下：

借：原材料——亚麻纱线　32 000
　应交税费——应交增值税（进项税额）　5 440
　贷：银行存款　37 440

②3月31日，生产领用亚麻纱线3吨，单价16 000元。编制转38号凭证如下：

借：生产成本　48 000
　贷：原材料——亚麻纱线　48 000

根据上述业务登记原材料明细账，见表6-14。

表6-14　　原材料　明细分类账

名称：亚麻纱线　　编号：002　　规格：24N　　计量单位：吨　　金额：元

××年		凭证编号	摘要	收入											发出											结存										
				数量	单价	金额									数量	单价	金额									数量	单价	金额								
月	日					百	十	万	千	百	十	元	角	分			百	十	万	千	百	十	元	角	分			百	十	万	千	百	十	元	角	分
3	1		期初余额																							1.5	16 000			2	4	0	0	0	0	0
	10	银付4	购入	2	16 000			3	2	0	0	0	0	0																						
	31	转38	生产领料												3	16 000			4	8	0	0	0	0	0											
			本月合计	2				3	2	0	0	0	0	0	3	16 000			4	8	0	0	0	0	0	0.5	16 000				8	0	0	0	0	0

4. 横线登记式明细账的格式及登记方法。

（1）横线登记式明细账的格式。横线登记式明细账，又称平行式明细账，其基本结构是在同一张账页的同一行，记录某一项交易、事项的全过程。这种明细账一般适用于需要逐笔进行结算的交易、事项，可以依据每一行的栏目是否登记齐全来判断交易、事项的进展情况。如对“其他应收款——备用金”明细账的核算、对在途物资的明细核算就可以采用这种明细账。

（2）横线登记式明细账的登记方法。下面以“其他应收款——备用金”明细账为例，说明横线登记式明细账的登记方法。

【例6－5】 新元公司3月1日“其他应收款——备用金”无余额。3月发生如下经济业务，并编制记账凭证：

①3月5日，职工李玉预借2 000元差旅费。编制现付2号凭证如下：

借：其他应收款——李玉 2 000

  贷：库存现金 2 000

②3月20日，王志预借1 000元差旅费。编制现付22号凭证如下：

借：其他应收款——王志 1 000

  贷：库存现金 1 000

③3月25日，李玉报销差旅费2 250元。编制现收20号、转17号凭证如下：

借：管理费用 2 250

  贷：库存现金 250

    其他应收款——李玉 2 000

根据编制的记账凭证，登记“其他应收款——备用金”的明细账如表6－15。

表6－15 其他应收款——备用金 明细分类账

××年		凭证编号	摘要	户名	借方																				
					原借							补付							合计						
月	日				万	千	百	十	元	角	分	万	千	百	十	元	角	分	万	千	百	十	元	角	分
3	5	现付2	预借	李玉		2	0	0	0	0	0			2	5	0	0	0		2	2	5	0	0	0
	20	现付22	预借	王志		1	0	0	0	0	0														

××年		凭证编号	贷方																					余额						
			报销金额							收回金额							合计													
月	日		万	千	百	十	元	角	分	万	千	百	十	元	角	分	万	千	百	十	元	角	分	万	千	百	十	元	角	分
3	25	现收20 转17		2	2	5	0	0	0									2	2	5	0	0	0					0		

从明细账中可以清楚地看到，李玉预借差旅费及报销这一交易事项已全部完成，王志预借了差旅费，但尚未报销。

三、备查账的格式及登记方法

备查账又称“辅助账”，是对日记账和分类账等主要账簿中不能记载或记载不全的交易、事项进行补充登记的账簿。它为企业的经营管理者提供必要的参考资料。备查账一般没有固定的格式，由各单位根据管理需要设计相应的项目和内容。如临时租入固定资产备查簿，见表6－16。

表6－16　　临时租入固定资产备查簿

出租单位	名称及规格	编号	租用时间	租金	使用部门	归还日期
天宇实业公司	XRⅢ型印染设备	0107	6个月	3 600.00	一车间	××年5月1日
备注	租金已一次付清					

提示：与登记序时账簿和分类账簿相比，登记备查账簿时不需要编制记账凭证，且备查账簿的主要栏目不是记录金额，而是更注重文字表述。

第四节　对账和结账

一、对账

对账，即核对账目，是指为了保证账簿所提供的会计资料正确、真实、可靠，按照一定的方法和手续对账簿记录进行核对、检查的工作。对账主要包括账证核对、账账核对和账实核对三方面的内容。

（一）账证核对

账证核对是对账工作的第一步。它是将账簿的各项记录与有关的原始凭证和记账凭证进行核对，核对内容：

1. 时间、凭证字号、内容、金额是否一致；
2. 记账方向是否相符。

（二）账账核对

账账核对就是核对存在对应关系的有关账簿之间所作的记录是否相符。一般来说，账账核对包括以下几个方面：

1. 总账全部账户：

借方发生额合计数＝贷方发生额的合计数

借方余额的合计数＝贷方余额的合计数

2. 核对内容：

总账的借方发生额＝所属的全部明细账的借方发生额合计

总账的贷方发生额＝所属的全部明细账的贷方发生额合计

总账余额＝所属全部明细账的余额合计

3. 总账中的“库存现金”、“银行存款”账户的余额应分别与“现金日记账”、“银行存款日记账”余额相等。

库存现金总账余额＝现金日记账余额

银行存款总账余额＝银行存款日记账余额

4. 财务部门的会计账簿记录应与有关经营部门及财产物资保管和使用部门的有关账簿

（册、卡）核对相符。

（三）账实核对

账实核对是指各项财产物资、债权债务等账面余额与实有数额之间的核对。其具体包括：

1. 现金日记账账面余额与库存现金实有数额是否相符；
2. 银行存款日记账账面余额与银行对账单余额是否相符；
3. 各项财产物资明细账账面余额与财产物资实有数是否相符；
4. 有关债权债务明细账账面余额与对方单位的账面记录是否相符。

二、错账更正

在对账过程中，有可能会发现各种各样的错误。如记账凭证汇总表不平、各明细账户的余额之和不等于总账有关账户的余额、银行存款账户调整后的余额与银行对账单不符等。发生这些差错的原因很多，诸如重记、漏记、数字颠倒、数字错位、数字记错、科目记错、借贷方向记反、计算错误等。

会计人员发现账簿记录发生错误时，不准涂改、挖补、刮擦或者用药水消除字迹，不准重新抄写，必须按照规定的方法进行更正。更正错账的方法有三种，即划线更正法、红字更正法和补充登记法。

（一）划线更正法

在结账前，发现记账凭证正确而账簿记录中文字或数字有错误时，应采用划线更正法。具体做法是：

1. 在错误的文字或数字（整个数字）上划一条红线注销，并使原来的字迹仍可辨认，以备查考。

2. 将正确的文字或数字用蓝字写在划线上端，并由记账人员在更正处盖章，以明确责任，见表6－17。

表6－17　　划线更正法的正确做法

应收账款明细账

明细科目：兴平公司

××年 月	日	凭证编号	摘要	借方（千百十万千百十元角分）	贷方（千百十万千百十元角分）	借或贷	余额（千百十万千百十元角分）
9	1		期初余额			借	5000000
	12	转5	销售产品尚未收到款项	2500000		借	7500000
	15	银收18	收回以前欠款存入银行	李新	5000000 ~~500000~~	借	2500000 ~~7000000~~
		…					

划去错误数字应当用红线

提示：对错误的数字一定要用红线全部划去，不能只改个别数字。对于文字错误，可只划去错误的部分。

（二）红字更正法

记账以后，如果发现记账凭证中会计科目错误、记账方向错误或金额写多的错误时，可以用红字更正法进行更正。具体说红字更正法一般在下述两种情况下使用：

1. 记账以后，如果发现记账凭证中的应借、应贷会计科目错误或记账方向错误时，采用红字更正法更正。

【例6－6】 4月1日，生产产品领用原材料一批，价值为7 500元。填制记账凭证时，误写应借科目为“制造费用”，并已登记入账，见表6－18。

表6－18

转 账 凭 证

××年4月1日　　　　凭证编号：转字第6号

摘要	会计科目		借方金额										贷方金额										记账符号
	总账科目	明细科目	千	百	十	万	千	百	十	元	角	分	千	百	十	万	千	百	十	元	角	分	
生产领料	制造费用						7	5	0	0	0	0											√
	原材料																7	5	0	0	0	0	√
附单据1张		合计				¥	7	5	0	0	0	0				¥	7	5	0	0	0	0	

会计主管：王可　　记账：李志　　审核：周月　　制单：任同　　出纳：

更正方法：发现这种错误时，应先用红字填制一张与表6－18相同的凭证，用以冲销原错误分录，同时，再用蓝字填制一张正确记账凭证（见表6－19）。

表6－19

转 账 凭 证

××年4月29日　　　　凭证编号：转字第57号

摘要	会计科目		借方金额										贷方金额										记账符号
	总账科目	明细科目	千	百	十	万	千	百	十	元	角	分	千	百	十	万	千	百	十	元	角	分	
重做转2号凭证	生产成本						7	5	0	0	0	0											√
	原材料																7	5	0	0	0	0	√
附单据　张		合计				¥	7	5	0	0	0	0				¥	7	5	0	0	0	0	

会计主管：王可　　记账：李志　　审核：周月　　制单：任同　　出纳：

依据上述更正错误的记账凭证登记有关账户后，则有关账户中的错误亦得到更正。以制造费用明细账为例，我们了解一下红字更正法更正错账的过程，见表6－20。

表 6－20　　制造费用　明细分类账

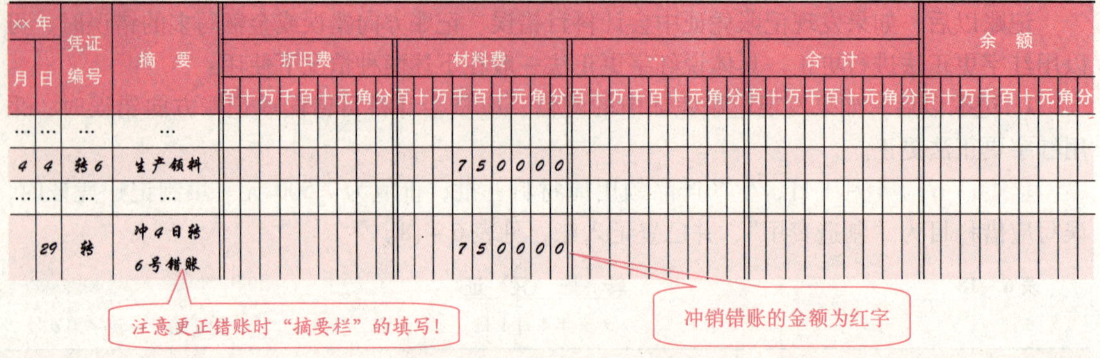

××年 月	日	凭证编号	摘要	折旧费	材料费	…	合计	余额
…	…	…	…					
4	4	转6	生产领料		750000			
…	…	…	…					
	29	转	冲4日转6号错账		750000			

（2）记账以后，如果原记账凭证中会计科目并无错误，但发现所记金额大于应记金额时，采用红字更正法；即按照正确数字与错误数字之间的差额用红字金额填制一张记账凭证，据以登记入账，加以冲销。

【例 6－7】 5 月 3 日，生产完工库存商品一批，其成本为 8 000 元。填制记账凭证时，将金额误记为 80 000 元，且已登记入账，见表 6－21。

表 6－21　　转　账　凭　证

××年 5 月 3 日　　凭证编号：转字第 10 号

摘要	会计科目 总账科目	明细科目	借方金额（千百十万千百十元角分）	贷方金额（千百十万千百十元角分）	记账符号
产品完工入库	库存商品		8000000		√
	生产成本			8000000	√
附单据 1 张		合计	¥8000000	¥8000000	

会计主管：王可　　记账：李志　　审核：周月　　制单：任同　　出纳：

更正方法： 为了更正有关账户中多记 72 000 元的错误，应用红字编制一张记账凭证，见表 6－22。

表 6－22　　转　账　凭　证

××年 5 月 29 日　　凭证编号：转字第 50 号

摘要	会计科目 总账科目	明细科目	借方金额（千百十万千百十元角分）	贷方金额（千百十万千百十元角分）	记账符号
冲销转 10 错账	库存商品		7200000		√
多计金额	生产成本			7200000	√
附单据　张		合计	¥7200000	¥7200000	

会计主管：王可　　记账：李志　　审核：周月　　制单：任同　　出纳：

表中的4个金额数字均为红色字

编制好更正的记账凭证后，再依据上述更正错误的记账凭证登记有关账户，在此不再赘述。

如果记账凭证所记录的文字与账簿记录的文字也不相符，则先采用划线更正法更正文字，然后再采用红字更正法冲销多记的金额。

注意：采用红字更正法时，不得以蓝字或黑字金额填制与原错误凭证记账方向相反的记账凭证去冲销错误记录或错误金额。

（三）补充登记法

记账以后，如果发现记账凭证中应借、应贷科目虽无错误，但所填金额小于应填金额时，应按照正确数字与错误数字之间的差额用蓝字填一张记账凭证，以此补充登记入账。

【例6－8】 3月5日，收回正大公司前欠货款28 000元，存入银行，编制的记账凭证见表6－23。

表6－23

收　款　凭　证

××年3月5日

凭证编号：银收字4号

借方科目：银行存款

摘　要	结算方式	票　号	贷方科目		金　额										记账符号
			总账科目	明细科目	千	百	十	万	千	百	十	元	角	分	
收回欠款，存入银行			应收账款	正大公司					2	8	0	0	0	0	√
附单据1张			合　计					¥	2	8	0	0	0	0	

财务主管：王可　记账：李志　审核：周月　制单：任同　出纳：赵玉　交款人：周由

更正方法： 3月15日发现这一错误，为了更正有关账户中少记的25 200元（28 000－2 800）的错误，应用蓝字填制一张记账凭证，见表6－24。

表6－24

收　款　凭　证

××年3月15日

凭证编号：银收字22号

借方科目：银行存款

摘　要	结算方式	票　号	贷方科目		金　额										记账符号
			总账科目	明细科目	千	百	十	万	千	百	十	元	角	分	
补充银收4号少记金额			应收账款	正大公司				2	5	2	0	0	0	0	√
附单据　张			合　计				¥	2	5	2	0	0	0	0	

财务主管：王可　记账：李志　审核：周月　制单：任同　出纳：赵玉　交款人：周由

编制好补充登记的记账凭证后，再依据上述记账凭证登记有关账户。

三、结账

> **【结账】**
>
> 是指在一定时期内所发生的全部交易、事项已登记入账的基础上，将各类账簿记录完毕，结出各种账簿本期发生额合计和期末余额的一项会计核算工作。

（一）结账的程序

1. 在结账前，应将当期所发生的交易、事项全部登记入账，检查是否有重复记录、遗漏记录的交易、事项，是否有记录错误，以便在结账前及时更正。

2. 在结账前，应按照权责发生制原则及时调整需进行期末调整的账项，编制有关会计分录，并据以登记入账。

3. 将损益类账户转入“本年利润”账户。

4. 结出资产、负债和所有者权益类账户的本期发生额和余额，结转下期。

（二）结账方法

结账可分为月度结账（月结）、季度结账（季结）、年度结账（年结）。

1. 月结的方法。对于现金日记账、银行存款日记账和需要按月结计发生额的收入、费用等明细账，每月结账时，要在最后一笔经济业务的记载下面划一条通栏红线，在红线下面的一行“摘要”栏内注明“本月合计”或“本期发生额及期末余额”，在“借方”、“贷方”、“余额”三栏分别计算出本月借方发生额合计、贷方发生额合计和结余数，然后在此行下面再划一条通栏红线，表明本期结算完毕。具体做法见表6－25。

表6－25 现金日记账

××年 月	日	凭证编号	摘要	借方（千百十万千百十元角分）	√	贷方（千百十万千百十元角分）	借或贷	余额（千百十万千百十元角分）
1	1		上年结转				借	100000
	1	银付1	从银行提现金	200000				
	1	现付1	购买办公用品			80000		
	1	现付2	王力预借差旅费			150000	借	70000
	2		…					
	31		本月合计	1860000		1700000	借	260000

“本月合计”栏上下划通栏红线，进行月结。

2. 季结的方法。与月结相比，只需在每季度末的月结后，在“摘要”栏注明“本季度累计”或“本季度发生额及余额”，在“借方”、“贷方”、“余额”三栏分别计算出本季度的借方、贷方发生额合计数及季末余额，然后在此行下面划一条红线，表示季度结账完毕。具体做法见表6－26。

表6－26 **现金日记账**

××年		凭证编号	摘要	借方										√	贷方										借或贷	余额									
月	日			千	百	十	万	千	百	十	元	角	分		千	百	十	万	千	百	十	元	角	分		千	百	十	万	千	百	十	元	角	分
1	1		上年结转																											1	0	0	0	0	0
	1	银付1	从银行提现金					2	0	0	0	0	0																						
	1	现付1	购买办公用品																	8	0	0	0	0											
	1	现付2	王力预借差旅费																1	5	0	0	0	0	借						7	0	0	0	0
	…	…	…																																
3	31		本月合计				6	9	6	2	0	0	0					6	8	0	2	0	0	0	借					2	6	0	0	0	0
			本季度累计				9	8	6	5	0	0	0					9	7	0	5	0	0	0	借					2	6	0	0	0	0

"本月合计"和"本季度累计"栏上下划通栏红线，进行季结。

3. 年结的方法。年度终了结账时，要在"摘要"栏注明"本年累计"，在"借方"、"贷方"、"余额"三栏，分别填入本年度借方发生额合计、贷方发生额合计和年末余额，然后在此行下面划通栏双红线，表示全年经济业务的登账工作至此全部结束，再将有余额的账户余额结转下年。具体做法见表6－27、表6－28。

表6－27 **总分类账**

会计科目：原材料

20×1年		凭证编号	摘要	借方										√	贷方										√	余额									
月	日			千	百	十	万	千	百	十	元	角	分		千	百	十	万	千	百	十	元	角	分		千	百	十	万	千	百	十	元	角	分
			期初余额																											8	0	0	0	0	0
	…	…	…																																
12	31		本月合计				5	8	4	7	0	0	0					5	4	4	7	0	0	0	借				1	2	0	0	0	0	0
			本季度累计			1	5	2	7	0	6	0	0				1	4	8	7	0	6	0	0	借				1	2	0	0	0	0	0
			本年累计			6	7	8	0	2	0	0	0				6	7	4	0	2	0	0	0	借				1	2	0	0	0	0	0

"本年累计"栏上下划通栏双红线，进行年结。

表6－28 **总分类账**

会计科目：原材料

20×2年		凭证编号	摘要	借方										√	贷方										√	余额									
月	日			千	百	十	万	千	百	十	元	角	分		千	百	十	万	千	百	十	元	角	分		千	百	十	万	千	百	十	元	角	分
1	1		上年结转																						借				1	2	0	0	0	0	0
	…	…	…																																

将上年的结余数转入新的一年。

注意：年终结账时，不必将有余额的账户记入本年账户的借方或贷方，使本年有余额的账户余额变为零。而是将有余额的账户的余额直接记入新账余额栏内，不需要编制记账凭证。

知识检测

一、单项选择题

1. 应付账款明细分类账采用的账页格式是（　　）。

A. 三栏式　　B. 数量金额式

C. 多栏式　　D. 横线登记式

2. 对于从银行提取现金的经济业务，登记现金日记账的依据是（　　）。

A. 现金收款凭证　　B. 银行存款收款凭证

C. 现金付款凭证　　D. 银行存款付款凭证

3. 会计人员记账后发现记账凭证中账户的对应关系正确，但所记金额大于应记金额，应采用的错账更正方法是（　　）。

A. 划线更正法　　B. 红字更正法

C. 补充登记法　　D. 不做调整

4. 对临时租入的固定资产应在下列（　　）账簿中登记。

A. 日记账　　B. 总分类账

C. 明细分类账　　D. 备查账

5. 成本费用明细分类账的账页格式一般采用（　　）。

A. 三栏式　　B. 多栏式

C. 数量金额式　　D. 横线登记式

6. 原始凭证金额有错误，应当（　　）。

A. 红字更正法更正　　B. 划线更正法更正

C. 补充登记法更正　　D. 由出具单位重开

二、多项选择题

1. 对于从银行提取现金的经济业务，应登记的账簿有（　　）。

A. 现金日记账　　B. 现金总账

C. 银行存款日记账　　D. 银行存款总账

2. 明细分类账的登记依据是（　　）。

A. 原始凭证　　B. 原始凭证汇总表

C. 记账凭证　　D. 记账凭证汇总表

3. 账簿按其外表形式分为（　　）。

A. 总分类账　　B. 订本账

C. 活页账　　D. 卡片账

4. 对账工作主要包括（　　）。

A. 账账核对　　B. 账证核对

C. 账实核对　　D. 重新登账

5. 数量金额式明细分类一般适用于下列（　　）账户的登记。

A. “应付账款”　　B. “原材料”

C. “库存商品”　　D. “制造费用”

6. 在账簿登记时，下列（　　）做法是正确的。

A. 以合法的会计凭证为登账依据

B. 用蓝黑墨水或黑墨水书写

C. 期末余额可用铅笔记账

D. 发生跳行隔页，应在空行或空页中划对角红线注销

实操训练

实训一：

［目的］练习银行存款日记账的登记。

［资料］某企业3月1日银行存款日记账余额为350 000元。

1. 3月2日，收到A公司偿还的前欠货款30 000元，存入银行。

2. 3月3日，销售一批乙产品。售价80 000元，已开具增值税专用发票。收到支票一张，已存入银行。

3. 3月6日，购进甲材料一批，取得的专用发票上记载的货款为10 000元，增值税1 700元，全部款项已用银行存款支付，材料运到并验收入库。

4. 3月8日，接受H公司现金投资1 200 000元，存入银行。

5. 3月10日，以银行存款偿还已到期的长期借款80 000元。

［要求］根据某企业3月发生的上述交易事项，编制会计分录，登记银行存款日记账。

银行存款日记账

××年		凭证编号	摘要	借方										√	贷方										借或贷	余额									
月	日			千	百	十	万	千	百	十	元	角	分		千	百	十	万	千	百	十	元	角	分		千	百	十	万	千	百	十	元	角	分

实训二：

［目的］练习明细账的登记。

［资料］4 月，企业发生如下经济业务：

1. 5 日，分配本月应付职工薪酬 18 000 元，其中，生产乙产品人员薪酬 10 000 元，厂部管理人员薪酬 3 000 元，车间管理人员薪酬 5 000 元。

2. 5 日，以银行存款支付办公费 420 元。

3. 8 日，以现金支付管理部门使用的复印机维修费 400 元。

4. 12 日，厂部管理人员出差回来报销差旅费 960 元，原预借 1 000 元，余款退还现金。

5. 20 日，以银行存款支付水电费 2 400 元，其中车间用 1 800 元，行政办公用 600 元。

6. 28 日，计提本月固定资产折旧费 2 200 元，其中车间固定资产折旧费 1 600 元，管理部门固定资产折旧费 600 元。

7. 29 日，以现金支付业务招待费 300 元。

8. 30 日，将本月“管理费用”账户借方发生额 6 280 元转至“本年利润”账户。

［要求］根据该企业 4 月份发生的上述交易事项，编制会计分录，登记管理费用明细账。

实训四：

［目的］练习更正错账的方法。

［资料］

1. 开出转账支票，偿还 A 公司货款 3800 元。原编记账凭证（已入账）为：

借：应付账款　　38 000

　　贷：银行存款　　38 000

2. 以现金 786 元购买办公用品。原编记账凭证（已入账）为：

借：管理费用　　768

　　贷：库存现金　　768

3. 企业管理部门领用原材料 800 元，生产产品领用原材料 600 元。原编记账凭证（已入账）为：

借：生产成本　　1 400

　　贷：原材料　　1 400

4. 收到 B 公司偿还的欠款 35 000 元，存入银行。原编记账凭证（尚未入账）为：

借：银行存款　　53 000

　　贷：应收账款　　53 000

［要求］采用相应的方法更正上述错账。

管理费用 明细分类账

201×年		凭证编号	摘要	借方																																																						贷方									余额								
月	日			办公费									工资福利费									折旧费									水电费									其他									合计																										
				百	十	万	千	百	十	元	角	分	百	十	万	千	百	十	元	角	分	百	十	万	千	百	十	元	角	分	百	十	万	千	百	十	元	角	分	百	十	万	千	百	十	元	角	分	百	十	万	千	百	十	元	角	分	百	十	万	千	百	十	元	角	分	百	十	万	千	百	十	元	角	分

第7单元 编制财务会计报告

单元重点：□ 资产负债表的编制方法
□ 利润表的编制方法
□ 现金流量表的编制方法

第一节 编制财务会计报告的意义

一、编制财务会计报告的意义

财务会计报告是指企业对外提供的反映企业某一特定日期的财务状况和某一会计期间的经营成果、现金流量等会计信息的文件。它是企业根据日常的会计核算资料归集、加工和汇总后形成的，是企业会计核算的最终成果。

在日常的会计核算中，企业通过填制和审核会计凭证、登记会计账簿，把各项交易或事项连续、系统和完整地登记在会计账簿中，但就某一会计期间的经营活动整体而言，其所提供的仍是分散的、部分的信息，不能集中揭示和反映该会计期间经营活动和财务收支的全貌。因此，每个会计期末，必须根据账簿记录的资料，按照规定的格式、内容和编制方法，对会计信息作进一步的归集、加工和汇总，编制成会计报表，全面、综合地反映企业的财务状况、经营成果和现金流动情况，为会计信息使用者提供全面的会计信息资料。财务会计报告对于加强企业的经营管理以及外部有关部门、投资人、债权人了解企业的经营业绩、财务状况和偿债能力等有着十分重要的意义。

企业财务会计报告的编制必须符合《企业财务会计报告条例》的规定。

二、企业财务会计报告的内容

财务会计报告包括会计报表、附注和其他应当在财务会计报告中披露的相关信息和资料。

会计报表是企业财务会计报告的主要组成部分，**一般包括资产负债表、利润表、现金流量表等报表**。见图7-1。

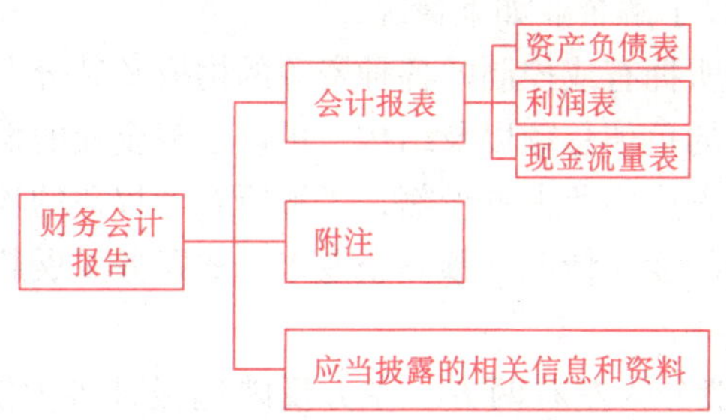

图7-1 财务会计报告的构成

资产负债表——反映企业在某一特定日期的财务状况。

利润表——反映企业在一定会计期间的经营成果。

现金流量表——反映企业在一定会计期间的现金和现金等价物流入和流出情况。

附注是指对在资产负债表、利润表、现金流量表等报表中列示项目的文字描述或明细资料，以及对未能在这些报表中列示项目的说明等。

小企业的财务报告至少应包括：资产负债表、利润表、现金流量表和附注。

由于财务会计报告内容不同、用途不同，因此编制、传递的时间也不尽相同。《企业财务会计报告条例》将财务会计报告分为年度、半年度、季度和月度财务会计报告。半年度、季度和月度财务会计报告统称为"中期财务会计报告"。相应的会计报表也分为年度会计报表和中期会计报表。年度会计报表主要有资产负债表、利润表、现金流量表，中期会计报表主要有资产负债表、利润表。《小企业会计准则》规定，小企业至少应当按年编制财务报表。

> **小知识**
>
> 企业年度决算文件除包括年度会计报表、会计报表附注及财务情况说明书外，还应包括企业基本情况表、决算报表编制说明以及经由注册会计师审计的年度财务审计报告。

上述各种会计报表，按会计制度规定，必须由企业定期编报具有统一格式和内容的报表，称为"统一会计报表"。此外，企业根据经济管理需要，还可以编制一些内部管理决策和控制使用的会计报表，称为"内部会计报表"，如成本报表，这类会计报表不要求具有统一格式和内容，而由企业根据需要自行规定。

第二节 会计报表的结构和内容

一、资产负债表

（一）资产负债表的含义

资产负债表是反映小企业在某一特定日期的财务状况的会计报表，它是概括反映企业在特定日期的资产和权益存量的静态报表，是企业对外提供的基本会计报表之一。每一企业都必须按期编制资产负债表。

通过资产负债表，可以了解企业如下情况：

□ 了解企业某一日期所拥有或控制的各种资源的构成及其分布情况；

□ 反映企业某一日期的负债总额以及结构，可以了解企业的偿债能力和支付能力；

□ 表明投资者在企业资产中所占的份额，了解所有者权益的构成情况；

□ 了解企业资金结构的变化情况，预测企业未来的财务发展趋势。

（二）资产负债表的结构和内容

资产负债表的结构一般分为左右两方。左方反映编报日各项资产的数额，称为“资产方”，分为流动资产和非流动资产；右方反映编报日各项负债的数额以及所有者权益的数额，称为“负债及所有者权益方”，分为流动负债、非流动负债和所有者权益。

资产负债表的基本内容必须包括企业在特定日期所拥有或控制的所有资产、所承担的所有负债以及所有者权益。为了便于使用者理解和使用，还必须对资产、负债及所有者权益按一定的标准进行进一步的分类。

小企业资产负债表的基本格式及内容如表7－1所示。

表7－1 **资 产 负 债 表** 会小企01表

编制单位： 年 月 日 单位：元

资 产	行次	期末余额	年初余额	负债和所有者权益（或股东权益）	行次	期末余额	年初余额
流动资产：				流动负债：			
货币资金	1			短期借款	31		
短期投资	2			应付票据	32		
应收票据	3			应付账款	33		
应收账款	4			预收款项	34		
预付账款	5			应付职工薪酬	35		
应收股利	6			应交税费	36		
应收利息	7			应付利息	37		
其他应收款	8			应付利润	38		
存货	9			其他应付款	39		
其中：原材料	10			其他流动负债	40		
在产品	11			流动负债合计	41		
库存商品	12			非流动负债：			
周转材料	13			长期借款	42		
其他流动资产	14			长期应付款	43		
流动资产合计	15			递延收益	44		
非流动资产：				其他非流动负债	45		
长期债券投资	16			非流动负债合计	46		
长期股权投资	17			负债合计	47		
固定资产原价	18			所有者权益（或股东权益）：			
减：累计折旧	19			实收资本（或股本）	48		
固定资产账面价值	20			资本公积	49		
在建工程	21			盈余公积	50		
工程物资	22			未分配利润	51		
固定资产清理	23			所有者权益（或股东权益）合计	52		
生产性生物资产	24						
无形资产	25						
开发支出	26						
长期待摊费用	27						
	28						
非流动资产合计	29						
资产总计	30			负债和所有者权益（或股东权益）总计	53		

想一想：

资产负债表项目按什么顺序进行排列？

二、利润表

（一）利润表的含义

利润表是指反映小企业在一定会计期间的经营成果的会计报表。它是反映企业一定期间内净利润的形成或亏损发生的过程的动态报表，主要依据会计的收入实现原则和配比原则来编制，即把一定时期的营业收入与同一会计期间的相关成本、费用进行配比，以计算出企业一定时期的净利润或亏损。

利润（或亏损）是一个综合性的质量指标，它不仅能反映企业经营活动的结果，而且能在一定程度上表现出企业的经营管理水平，又是利润分配的主要依据，因此，利润表是企业会计报表中的主要会计报表之一，每个企业都必须按期编制。

通过利润表，可以了解企业以下方面的情况：

☐ 可以评价和考核企业的经营业绩；

☐ 可以分析和评价企业的经营成果和获利能力；

☐ 可以分析和预测企业未来的现金流量；

☐ 可以分析企业利润增减变化（或亏损发生）的原因，从而促使企业采取相应的措施和对策，提高企业的经济效益。

（二）利润表的结构和内容

利润表的内容和结构与企业利润构成的因素有密切联系，它通过收入、成本费用和利润等项目反映企业在某一期间的经营成果，具体包括营业收入、营业利润、利润总额和净利润等几个部分内容。

小企业利润表的基本格式及内容如表7－2所示。

表7－2　　**利　润　表**　　会小企02表

编制单位：　　年　月　　单位：元

项　目	行次	本年累计金额	本月金额
一、营业收入	1		
减：营业成本	2		
营业税金及附加	3		
其中：消费税	4		
营业税	5		
城市维护建设税	6		
资源税	7		
土地增值税	8		
城镇土地使用税、房产税、车船税、印花税	9		
教育费附加、矿产资源补偿费、排污费	10		
销售费用	11		
其中：商品维修费	12		
广告费和业务宣传费	13		

续表

项　　目	行次	本年累计金额	本月金额
管理费用	14		
其中：开办费	15		
业务招待费	16		
研究费用	17		
财务费用	18		
其中：利息费用（收入以“-”号填列）	19		
加：投资收益（损失以“-”号填列）	20		
二、营业利润（亏损以“-”号填列）	21		
加：营业外收入	22		
其中：政府补助	23		
减：营业外支出	24		
其中：坏账损失	25		
无法收回的长期债券投资损失	26		
无法收回的长期股权投资损失	27		
自然灾害等不可抗力因素造成的损失	28		
税收滞纳金	29		
三、利润总额（亏损总额以“-”号填列）	30		
减：所得税费用	31		
四、净利润（净亏损以“-”号填列）	32		

想一想：

利润表项目按什么顺序进行排列？

三、现金流量表

（一）现金流量表的含义

现金流量表是反映小企业在一定会计期间的现金流入和流出情况的会计报表，是一张动态报表。它是在资产负债表和利润表已经反映企业财务状况和经营成果信息的基础上进一步提供财务状况变动信息，凭此信息，有助于企业的投资者、债权人和其他的会计报表使用者了解企业如何获得现金和现金等价物，评价企业的支付能力、偿债能力和周转能力，有利于准确预测企业未来的现金流量，分析企业收益的质量及影响现金净流量的因素。

（二）现金流量表的结构和内容

现金流量表的内容包括：经营活动产生的现金流量、投资活动产生的现金流量、筹资活动产生的现金流量。

1. 经营活动所产生的现金流量，主要包括销售商品、提供劳务、各种税费返还、购买商品、接受劳务支付工资、缴纳税款等。

2. 投资活动产生的现金流量，主要包括取得和收回投资、购建和处置固定资产、无形资产和其他非流动资产等。

3. 筹资活动产生的现金流量，主要包括吸收投资、借入款项、偿还债务、偿付利息等。

现金流量表的结构如表 7 - 3 所示。

表7-3　　　　现 金 流 量 表　　　　会小企03表

编制单位：　　　　____年____月　　　　单位：元

项　　目	行次	本年累计金额	本月金额
一、经营活动产生的现金流量：			
销售产成品、商品、提供劳务收到的现金	1		
收到其他与经营活动有关的现金	2		
购买原材料、商品、接受劳务支付的现金	3		
支付的职工薪酬	4		
支付的税费	5		
支付的其他与经营活动有关的现金	6		
经营活动产生的现金流量净额	7		
二、投资活动产生的现金流量：			
短期投资、长期债券投资和长期股权收回投资收到的现金	8		
取得投资收益收到的现金	9		
处置固定资产、无形资产和其他非流动资产收回的现金净额	10		
短期投资、长期债券投资和长期股权投资支付的现金	11		
购建固定资产、无形资产和其他非流动资产支付的现金	12		
投资活动产生的现金流量净额	13		
三、筹资活动产生的现金流量：			
取得借款收到的现金	14		
吸收投资者投资收到的现金	15		
偿还借款本金支付的现金	16		
偿还借款利息支付的现金	17		
分配利润支付的现金	18		
筹资活动产生的现金流量净额	19		
四、现金净增加额：	20		
加：期初现金余额	21		
五、期末现金余额：	22		

第三节　会计报表的编制

一、资产负债表的编制

资产负债表内各项目设置“年初余额”和“期末余额”两栏。

（一）“年初余额”栏的填列

“年初余额”栏内各项数字，应根据上年末资产负债表“期末余额”栏内所列数字填列。

（二）“期末余额”栏内各项目的内容和填列方法

1. 资产类项目期末余额的填制方法：

（1）“货币资金”项目，反映小企业库存现金、银行存款、其他货币资金的合计数。本项目应根据“库存现金”、“银行存款”和“其他货币资金”账户的期末余额合计填列。

（2）“短期投资“项目，反映小企业购入的能随时变现并且持时间不准备超过 1 年的股票、债券和基金投资的余额。本项目应根据“短期投资”账户的期末余额填列。

（3）“存货”项目，反映小企业期末在库、在途和再加工中的各项存货的成本。本项目应根据“材料采购”、“在途物资”、“原材料”、“材料成本差异”、“生产成本”、“库存商品”、“商品进销差价”、“委托加工物资”、“周转材料”、“消耗性生物资产”等账户的期末余额分析填列。

（4）“固定资产账面价值”项目，反映小企业固定资产原价扣除累计折旧后的余额。本项目应根据“固定资产”账户的期末余额减去“累计折旧”账户的期末余额后的金额填列。

（5）“固定资产清理”项目，反映小企业因出售、报废、毁损、对外投资等原因处置固定资产所转出的固定资产账面价值以及在清理过程中发生的费用等。本项目应根据“固定资产清理”账户的期末借方余额填列；如“固定资产清理”账户期末为贷方余额，以“－”号填列。

（6）“生产性生物资产”项目，反映小企业生产性生物资产的账面价值。本项目应根据“生产性生物资产”账户的期末余额减去“生产性生物资产累计折旧”账户的期末余额后的金额填列。

2. 负债类项目期末余额的填列方法：

（1）“短期借款”项目，反映小企业向银行或其他金融机构等借入的期限在 1 年内的、尚未偿还的各种借款本金。本项目应根据“短期借款”账户的期末余额填列。

（2）“应交税费”项目，反映小企业期末未交、多交或尚未扣抵的各种税费。本项目应根据“应交税费”账户的期末贷方余额填列。如“应交税费”账户期末为借方余额，以“－”号填列。

3. 所有者权益类项目期末余额的填列方法：

（1）“实收资本（或股本）”项目，反映小企业收到投资者按照合同协议约定或相关规定投入的、构成小企业注册资本的部分。本项目应根据“实收资本（或股本）”账户的期末余额分析填列。

（2）“未分配利润”项目，反映小企业尚未分配的历年结存的利润。本项目应根据“本年利润”账户和“利润分配”账户的余额计算填列。年终时，可根据“利润分配”账户的贷方余额直接填列。未弥补的亏损，在本项目内以“－”填列。

【应用举例】 成大公司6 月 30 日账户余额表资料及上年末（即本年初）资产负债表中的数字如表 7－4 所示。该公司采用小企业会计准则，请编制资产负债表（见表 7－5）。

表7－4　成大公司总分类账户期末余额表

××年6月30日　单位：元

账户名称	年初数	期末数	账户名称	年初数	期末数
库存现金	400	1 316	累计折旧	8 000	20 000
银行存款	20 000	305 000	短期借款	50 000	
应收账款	15 000	14 000	应付账款	3 500	51 000
原材料	4 900	37 000	应交税费	7 000	19 260
库存商品	11 000	17 508	应付利润		12 000
生产成本	17 600	10 800	利润分配		（借）27 028
固定资产	179 600	263 000	实收资本	180 000	983 000
无形资产		450 000	盈余公积		2 536
			本年利润		37 856
合计	248 500	1 098 624	合计	248 500	1 098 624

表7－5　资产负债表　会小企01表

编制单位：成大公司　××年6月30日　单位：元

资产	行次	期末余额	年初余额	负债及所有者权益	行次	期末余额	年初余额
流动资产：				流动负债：			
货币资金	1	306 316	20 400	短期借款	31		50 000
短期投资	2			应付票据	32		
应收票据	3			应付账款	33	51 000	3 500
应收账款	4	14 000	15 000	预收账款	34		
预付账款	5			应付职工薪酬	35		
应收股利	6			应交税费	36	19 260	7 000
应收利息	7			应付利息	37		
其他应收款	8			应付利润	38	12 000	
存货	9	65 308	33 500	其他应付款	39		
其中：原材料	10	37 000	4 900	其他流动负债	40		
在产品	11			流动负债合计	41	82 260	60 500
库存商品	12	17 508	11 000	非流动负债：			
周转材料	13			长期借款	42		
其他流动资产	14			长期应付款	43		
流动资产合计	15	385 624	68 900	递延收益	44		
非流动资产：				其他非流动负债	45		
长期债券投资	16			非流动负债合计	46		
长期股权投资	17			负债合计	47	82 260	60 500
固定资产原价	18	263 000	179 600				
减：累计折旧	19	20 000	8 000				
固定资产账面价值	20	243 000	171 600				
在建工程	21						
工程物资	22						
固定资产清理	23			所有者权益（或股东权益）：			
生产性生物资产	24			实收资本（或股本）	48	983 000	180 000

续表

资　产	行次	期末余额	年初余额	负债及所有者权益	行次	期末余额	年初余额
无形资产	25	450 000		资本公积	49		
开发支出	26			盈余公积	50	2 536	
长期待摊费用	27			未分配利润	51	10 828	
其他非流动资产	28			所有者权益（或股东权益）合计	52	996 364	180 000
非流动资产合计	29	693 000	171 600				
资产总计	30	1 078 624	240 500	负债和所有者权益（或股东权益）总计	53	1 078 624	240 500

提示：表7－5中有关项目编制方法如下：

（1）“货币资金”项目期末余额＝1 316＋305 000＝306 316（元）

“货币资金”项目年初余额＝400＋20 000＝20 400（元）

（2）“存货”项目期末余额＝37 000＋17 508＋10 800＝65 308（元）

“存货”项目年初余额＝4 900＋11 000＋17 600＝33 500（元）

（3）“固定资产账面价值”项目期末余额＝263 000－20 000＝243 000（元）

“固定资产账面价值”项目年初余额＝179 600－8 000＝171 600（元）

（4）“未分配利润”项目期末余额＝37 856－27 028＝10 828（元）

（5）其他项目按相应账户余额填列。

二、利润表的编制

利润表内各项目设置“本年累计金额”和“本月金额”两栏。

“本年累计金额”栏反映各项目自年初起至报告期末止的累计实际发生额。

“本月金额”栏反映各项目的本月实际发生额；在编报年度财务报表时，应将“本月金额”栏改为“上年金额”栏，填列上年全年实际发生额。

（一）本表各项目的内容及其填列方法

1. “营业收入”项目，反映小企业销售商品和提供劳务所实现的收入总额。本项目应根据“主营业务收入”账户和“其他业务收入”账户的发生额合计填列。

2. “营业成本”项目，反映小企业所销售商品的成本和所提供劳务的成本。本项目应根据“主营业务成本”账户和“其他业务成本”账户的发生额合计填列。

3. “营业税金及附加”项目，反映小企业开展日常生产活动应负担的消费税、营业税、城市维护建设税、资源税、土地增值税、城镇土地使用税、房产税、车船税、印花税和教育费附加、矿产资源补偿费、排污费等。本项目应根据“营业税金及附加”账户的发生额填列。

4. “销售费用”项目，反映小企业销售商品或提供劳务过程中发生的费用。本项目应根据“销售费用”账户的发生额填列。

5. “管理费用”项目，反映小企业为组织和管理生产经营发生的其他费用。本项目应根据“管理费用”账户的发生额填列。

6. “财务费用”项目，反映小企业为筹集生产经营所需资金发生的筹资费用。本项目应根据“财务费用”账户的发生额填列。

7. “投资收益”项目，反映小企业股权投资取得的现金股利（或利润）、债券投资取得的利息收入和处置股权投资和债券投资取得的处置价款扣除成本或账面余额、相关税费后的净额。本项目应根据“投资收益”账户的发生额填列；如为投资损失，以“-”号填列。

8. “营业利润”项目，反映小企业当期开展日常生产经营活动实现的利润。本项目应根据营业收入扣除营业成本、营业税金及附加、销售费用、管理费用和财务费用，加上投资收益后的金额填列。如为亏损，以“-”号填列。

9. “营业外收入”项目，反映小企业实现的各项营业外收入金额。包括：非流动资产处置净收益、政府补助、捐赠收益、盘盈收益、汇兑收益、出租包装物和商品的租金收入、逾期未退包装物押金收益、确实无法偿付的应付款项、已作坏账损失处理后又收回的应收款项、违约金收益等。本项目应根据“营业外收入”账户的发生额填列。

10. “营业外支出”项目，反映小企业发生的各项营业外支出金额。包括：存货的盘亏、毁损、报废损失、非流动资产处置净损失、坏账损失、无法收回的长期债券投资损失、无法收回的长期股权投资损失、自然灾害等不可抗力因素造成的损失、税收滞纳金、罚金、罚款、被没收财物的损失、捐赠支出、赞助支出等。本项目应根据“营业外支出”账户的发生额填列。

11. “利润总额”项目，反映小企业当期实现的利润总额。本项目应根据营业利润加上营业外收入减去营业外支出后的金额填列。如为亏损总额，以“-”号填列。

12. “所得税费用”项目，反映小企业根据所得税法确定的应从当期利润总额中扣除的所得税费用。本项目应根据“所得税费用”账户的发生额填列。

13. “净利润”项目，反映小企业当期实现的净利润。本项目应根据利润总额扣除所得税费用后的金额填列。如为净亏损，以“-”号填列。

（二）应用举例

以上说明了利润表各个项目的填列方法，现以阳光公司（该公司为小企业）损益类账户的资料（见表7-6）举例说明利润表的编制方法。

表7-6　　阳光公司损益类账户发生额资料

××年12月　　单位：元

账户名称	本期发生额	
	借　方	贷　方
主营业务收入	1 300 000	1 300 000
主营业务成本	702 540	702 540
营业税金及附加	50 500	50 500
城市维护建设税	12 000	12 000
资源税	35 000	35 000
印花税	3 500	3 500
销售费用	40 000	40 000
商品维修费	3 000	3 000

续表

账户名称	本期发生额	
	借　方	贷　方
业务宣传费	20 000	20 000
管理费用	105 120	105 120
业务招待费	10 000	10 000
研究费用	60 000	60 000
财务费用	31 500	31 500
利息费用	31 000	31 000
其他业务收入		
其他业务成本		
投资收益		
营业外收入	10 000	10 000
营业外支出	1 780	1 780
坏账损失	500	500
所得税费用	94 640	94 640

根据上述资料编制利润表（见表7－7）。

表7－7　　**利　润　表**（简表）　　会小企02表

编制单位：阳光公司　　××年12月　　单位：元

项　目	行次	本年累计金额	本月金额
一、营业收入	1		1 300 000
减：营业成本	2		702 540
营业税金及附加	3		50 500
其中：消费税	4		
营业税	5		
城市维护建设税	6		12 000
资源税	7		35 000
土地增值税	8		
城镇土地使用税、房产税、车船税、印花税	9		3 500
教育费附加、矿产资源补偿费、排污费	10		
销售费用	11		40 000
其中：商品维修费	12		3 000
广告费和业务宣传费	13		20 000
管理费用	14		105 120
其中：开办费	15	（略）	
业务招待费	16		10 000
研究费用	17		60 000
财务费用	18		31 500
其中：利息费用（收入以“－”号填列）	19		31 000
加：投资收益（损失以“－”号填列）	20		
二、营业利润（亏损以“－”号填列）	21		370 340
加：营业外收入	22		10 000

续表

项目	行次	本年累计金额	本月金额
其中：政府补助	23		
减：营业外支出	24		1 780
其中：坏账损失	25		500
无法收回的长期债券投资损失	26		
无法收回的长期股权投资损失	27		
自然灾害等不可抗力因素造成的损失	28		
税收滞纳金	29		
三、利润总额（亏损总额以“-”号填列）	30		378 560
减：所得税费用	31		94 640
四、净利润（净亏损以“-”号填列）	32		283 920

想一想：

编制利润表的理论依据是什么？

三、财务报表分析

财务报表分析，即财务分析，是通过收集、整理企业财务会计报告中的有关数据，并结合其他补充信息，对企业的财务状况、经营成果和现金流量情况进行综合比较和评价，为财务会计报告使用者提供决策依据的一项管理工作。

（一）财务报表分析的方法

实务工作中，以资产负债表、利润表和现金流量表这三张基本报表为依据，对报表中所反映的企业财务状况、经营成果以及现金流量情况采用专门的方法进行分析、比对，以满足会计信息使用者的需要。比较分析法是财务报表分析的基本方法。

比较分析法，即在对财务报表的有关数据进行分析时，将分析期与相应的基础进行比较，判断存在差异性的原因，以分析企业经济活动的一种方法。

1. 同一企业纵向比较。企业将分析期财务数据与本企业的前期数据进行比较，分析研究企业财务状况的发展变化趋势，判断引起数据变动的主要因素。如在资产负债表中列报年初余额和期末余额项，有利于企业进行纵向比较分析。

2. 不同企业横向比较。企业将分析期财务数据与同行业中先进企业的指标进行比较，分析评价企业的经营业绩，挖掘潜力，提升管理水平。

3. 与企业预算比较。将分析期的实际发生数与企业的预算数进行比较，不仅能够反映预算指标的完成程度，还可以进一步分析企业的成本控制问题、潜力发展方向等。

小知识

企业应当按照上级主管部门的要求编制年度财务预算报告。

财务预算报告一般包括财务预算报表和财务预算情况说明书两部分。财务预算报表包括资产负债预算表、利润预算表、现金流量预算表、人工成本预算表等。财务预算情况说明书主要是对预算管理工作、预算编制基础和预算保障措施等进行重点说明。

当然，与不同的参照标准进行比较，其目的在于分析存在差异的原因，帮助会计信息使用者发现问题，并改进管理，提高企业经济效益。在比较过程中，企业可以按照某一财务指标的总量进行比较，如企业将本年实现的净利润与上年实现的净利润进行对比分析；也可以按照某一报表项目中各组成部分的结构百分比进行比较，如将企业本年流动资产中存货所占的百分比与上年同期的数据进行对比，分析存货资金的占用情况。

（二）常用的财务比率分析指标

1. 反映企业偿债能力的财务指标。

（1）流动比率。流动比率是企业的流动资产与流动负债的比值。其计算公式为：

流动比率 = 流动资产/流动负债

例如：成大公司本年年初流动资产 68 900 元，流动负债 60 500 元。则：

年初流动比率 = 68 900 ÷ 60 500 = 1. 14

流动比率可以反映短期偿债能力。一般认为流动比率应在 2∶1 以上较为正常。流动比率高，表明企业资产的流动性强，但是，比率过高也意味着流动资产占用较多，会影响经营资金周转效率和获利能力；比率过低，则表示企业偿债能力差，风险较大。

（2）速动比率。速动比率是企业的速动资产与流动负债的比值。其计算公式为：

速动比率 = 速动资产/流动负债

其中：速动资产 = 流动资产 − 存货

例如：成大公司本年年初流动资产 68 900 元，其中存货 33 500 元，流动负债 60 500 元。则：

年初速动比率 = （68 900 − 33 500） ÷ 60 500 = 0. 585

速动比率是衡量企业流动资产中可以立即变现用于偿还流动负债的能力。一般认为，速动比率维持在 1∶1 较为正常，这表明企业的流动负债对应着有等量的易于变现的流动资产来抵偿，短期偿债能力有可靠的保证。如果速动比率过低，表明企业的短期偿债风险较大；反之，如果速动比率过高，则表明企业在速动资产上占用了过多的资金，影响获利能力。

（3）资产负债率。资产负债率是负债总额与资产总额的比值。其计算公式为：

资产负债率 = 负债总额/资产总额 ×100%

例如：成大公司本年年初资产总额 240 500 元，负债总额 60 500 元。则：

年初资产负债率 = 60 500 ÷ 240 500 × 100% = 25. 2%

资产负债率是衡量企业负债水平及风险程度的重要标志，也是最为常用的反映企业长期偿债能力的财务指标。该指标揭示了资产与负债的依存关系，即资产总额中有多大比例是通过负债筹资形成的。资产负债率越高，说明资产对负债的保障程度越低。如果资产负债率达到 100% 或超过 100% 说明公司已经没有净资产或资不抵债。

2. 反映企业盈利能力的财务指标。

（1）营业利润率。营业利润率是企业一定时期营业利润与营业收入的比率。其计算公式为：

营业利润率 = 营业利润/营业收入 × 100%

例如：远大公司 11 月实现营业收入 1 300 000 元，实现营业利润 370 340 元。则：

营业利润率 = 370 340 ÷ 1 300 000 × 100% = 28. 5%

该指标是衡量企业经营效率的指标，反映了企业管理者通过经营获取利润的能力。营业利润率越高，企业的盈利能力越强。

（2）销售净利率。即销售净利润率，是净利润占销售收入的百分比。其计算公式为：

销售净利率 = 净利润 / 销售收入 × 100%

例如：远大公司9月实现销售收入1 300 000元，净利润为283 920元。则：

销售净利率 = 283 920 ÷ 1 300 000 × 100% = 21.8%

该指标反映每1元销售收入能为企业带来的净利润是多少，即反映销售收入的收益水平。企业经营中伴随销售收入增加的同时，各项期间费用也会增加，企业净利润并不一定与销售收入同比例增长，因此，实务工作中，企业管理者更关注销售净利率这一指标。

小知识

常用的其他反映企业盈利能力的指标

1. 销售毛利率

销售毛利率是企业的销售毛利占销售收入的百分比，其计算公式为：

销售毛利率 = （销售收入 - 销售成本）/ 销售收入 × 100%

该指标可以反映企业产品的盈利能力。该指标越高，说明产品的盈利空间越大。

2. 成本费用利润率

成本费用利润率，是企业一定时期利润总额与成本费用总额的比率。其计算公式为：

成本费用利润率 = 利润总额/成本费用总额 × 100%

其中：成本费用总额 = 营业成本 + 营业税金及附加 + 期间费用

该指标反映企业的经营耗费所带来的成果。利润越大，成本费用越小，该指标越高，表明成本费用控制得越好，盈利能力越强。

3. 净资产收益率

净资产收益率，是企业一定时期净利润与平均净资产的比率。其计算公式为：

净资产收益率 = 净利润/平均净资产 × 100%

其中：平均净资产 = （所有者权益年初数 + 所有者权益年末数）/2

该指标反映了企业自有资金的投资收益水平。一般认为，净资产收益率越高，企业自有资本获取收益的能力越强，运营效益越好，对投资人、债权人利益的保证程度越高。

知识检测

一、单项选择题

1. 下列会计报表中属于月报表的是（　　）。

A. 资产负债表　　B. 利润表

C. 现金流量表　　D. 资产负债表和利润表

2. 下列资产负债表项目可根据总账余额直接填列的是（　　）。
   A. 货币资金　　B. 存货
   C. 短期借款　　D. 未分配利润
3. 下列资产负债表项目，需根据相关账户余额计算填列的是（　　）。
   A. 短期投资　　B. 货币资金
   C. 短期借款　　D. 累计折旧
4. 资产负债表，反映企业在（　　）财务状况的报表。
   A. 一定期间　　B. 某一特定日期
   C. 某一特定期间　　D. 某一会计期间
5. 会计报表编制的依据是（　　）。
   A. 原始凭证　　B. 记账凭证
   C. 账簿记录　　D. 汇总记账凭证
6. 反映某一特定期间财务成果的报表是（　　）。
   A. 资产负债表　　B. 利润表
   C. 产品成本表　　D. 现金流量表

二、多项选择题

1. 企业对外报送会计报表主要包括（　　）。
   A. 资产负债表　　B. 利润表
   C. 现金流量表　　D. 利润分配表
2. 下列资产负债表项目中，可根据有关总账账户余额直接填列的有（　　）。
   A. 应收股利　　B. 应收账款
   C. 应收票据　　D. 短期借款
3. 利润表是属于（　　）。
   A. 静态报表　　B. 动态报表
   C. 反映一定期间经营成果的报表　　D. 反映财务状况的报表
4. 下列各项目中，根据有关账户的期末余额直接填列资产负债表的有（　　）。
   A. 未分配利润　　B. 应付职工薪酬
   C. 应付票据　　D. 应收票据

实操训练

实训一：

［目的］练习资产负债表的编制。

［资料］南河工厂 6 月份各账户期末余额表。

账户期末余额表

××年6月30日　　　　单位：元

账户名称	借方余额	账户名称	贷方余额
库存现金	350	累计折旧	230 500
银行存款	76 700	短期借款	61 000
应收票据	6 500	应付账款	4 050
应收账款	7 000	其他应付款	8 700
其他应收款	750	应付职工薪酬	11 100
原材料	349 800	应交税费	20 650
库存商品	50 400	实收资本	721 000
生产成本	37 000	盈余公积	38 000
固定资产	628 500	本年利润	157 785
利润分配	95 785		
合计	1 252 785	合计	1 252 785

［要求］根据上述资料编制资产负债表。

资产负债表（简表）　　　　会小企01表

编制单位：　　　　年　月　日　　　　单位：元

资产	期末余额	年初余额	负债及所有者权益	期末余额	年初余额
流动资产：		略	流动负债：		略
货币资金			短期借款		
应收票据			应付票据		
应收账款			应付账款		
预付款项			预收款项		
应收股利			应付职工薪酬		
其他应收款			应交税费		
存货			应付股利		
流动资产合计			其他应付款		
非流动资产：			流动负债合计		
长期应收款			非流动负债：		
长期股权投资			长期借款		
固定资产			非流动负债合计		
在建工程			负债合计		
工程物资			所有者权益：		
固定资产清理			实收资本		
无形资产			资本公积		
长期待摊费用			盈余公积		
非流动资产合计			未分配利润		
			所有者权益合计		
资产总计			负债和所有者权益总计		

实训二：

［目的］练习利润表的编制。

［资料］龙大公司适用小企业会计准则。10月份年损益类账户的发生额见下表。

损益类账户发生额

××年10月　　　　单位：元

账户名称	本期发生额	
	借方	贷方
主营业务收入	5 000 000	5 000 000
主营业务成本	2 250 000	2 250 000
营业税金及附加	750 000	750 000
其中：营业税	300 000	300 000
城市维护建设税	21 000	21 000
资源税	429 000	429 000
销售费用	550 000	550 000
其中：商品维修费	40 000	40 000
业务宣传费	220 000	220 000
管理费用	450 000	450 000
其中：业务招待费	10 000	10 000
研究费用	80 000	80 000
财务费用	100 000	100 000
其中：利息费用	68 000	68 000
其他业务收入	900 000	900 000
其他业务成本	400 000	400 000
投资收益	1 400 000	1 400 000
营业外收入	300 000	300 000
营业外支出	75 000	75 000
其中：坏账损失	5 000	5 000
所得税费用	996 600	9 966 000

［要求］根据上述资料编制利润表。

利　润　表　　　　会企02表

编制单位：　　　　年　　月　　　　单位：元

项　　目	本年累计金额	本月金额
一、营业收入		
减：营业成本	（略）	
营业税金及附加		
其中：消费税		

续表

项　　目	本年累计金额	本月金额
营业税		
城市维护建设税		
资源税		
土地增值税		
城镇土地使用税、房产税、车船税、印花税		
教育费附加、矿产资源补偿费、排污费		
销售费用		
其中：商品维修费		
广告费和业务宣传费		
管理费用	（略）	
其中：开办费		
业务招待费		
研究费用		
财务费用		
其中：利息费用（收入以“－”填列）		
加：投资收益（损失以“－”号填列）		
二、营业利润（亏损以“－”号填列）		
加：营业外收入		
其中：政府补助		
减：营业外支出		
其中：坏账损失		
无法收回的长期债券投资损失		
无法收回的长期股权投资损失		
自然灾害等不可抗力因素造成的损失		
税收滞纳金		
三、利润总额（亏损总额以“－”号填列）		
减：所得税费用		
四、净利润（净亏损以“－”号填列）		

第8单元 账务处理程序

单元重点：□ 各种账务处理程序的特点
□ 记账凭证账务处理程序的应用
□ 科目汇总表账务处理程序的应用

第一节　账务处理的基本程序

一、账务处理程序的概念

账务处理程序又称会计核算组织形式，是指在会计核算中，会计凭证、会计账簿和会计报表有机结合的形式。将不同种类、格式的账簿处理、记账程序和记账方法互相结合在一起，就构成了不同的账务处理程序。

一般账务处理程序是通过填制会计凭证、登记会计账簿，对交易、事项进行归类、加工整理、综合汇总，形成系统、分类的账簿核算资料；通过编制会计报表，将日常核算的账簿资料按照预先确定的指标体系汇总，提供满足会计信息使用者需要的会计信息。

在各种账务处理程序中，填制会计凭证、登记会计账簿、编制会计报表又是账务处理程序中三个基本环节。

账务处理的基本程序如图 8 - 1 所示。

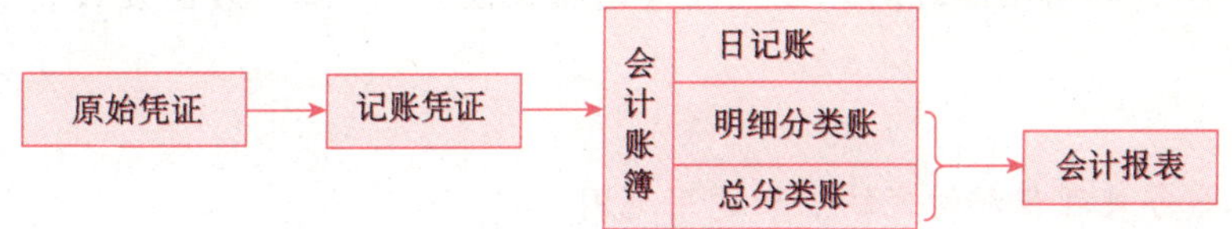

图8－1　账务处理基本程序

账务处理程序基本过程：

1. 取得并审核原始凭证，并据以填制记账凭证；

2. 根据审核无误的记账凭证及原始凭证或原始凭证汇总表登记相关日记账、明细分类账和总分类账；

3. 定期将总分类账与其所属明细分类账进行核对，以保证会计数据的正确；

4. 月末根据交易、事项发生情况调整应计账项并计算成本和损益；

5. 月末将本期所有交易或事项处理完毕，进行结账，并编制会计报表。

二、几种常用的账务处理程序

会计实务中较常使用的账务处理程序有：

1. 记账凭证账务处理程序；

2. 科目汇总表账务处理程序；

3. 汇总记账凭证账务处理程序。

提示：以上三种账务处理程序既有共同点，又有各自的特点，它们之间的根本区别在于登记总账的依据和程序不同。

对以上三种账务处理程序，本单元将通过实例说明每一种账务处理程序的处理方法与步骤。

第二节　记账凭证账务处理程序

一、记账凭证账务处理程序

（一）核算要求

记账凭证账务处理程序，是一种直接根据记账凭证逐笔登记总分类账的账务处理程序。

记账凭证账务处理程序的主要特点是：直接根据记账凭证逐笔登记总分类账。

在记账凭证账务处理程序下，记账凭证一般采用收款凭证、付款凭证、转账凭证三种格式，也可采用一种通用格式的记账凭证（通用凭证）。账簿一般需要设置日记账、明细账和总分类账。

提示：

记账凭证账务处理程序的优缺点和适用范围：

1. 优点：简单明了，易于理解，便于掌握。

2. 缺点：企业交易、事项发生频繁时，登记总账工作量将会很大。

3. 适用范围：规模不大，交易、事项又比较简单的单位。

（二）具体工作步骤

1. 根据原始凭证或原始凭证汇总表，填制收款凭证、付款凭证和转账凭证；

2. 根据审核无误的收款凭证和付款凭证及所附原始凭证，逐笔序时登记现金日记账和银行存款日记账；

3. 根据审核无误的记账凭证和原始凭证或原始凭证汇总表，逐笔登记明细分类账；

4. 根据审核无误的收款凭证、付款凭证和转账凭证逐笔登记总分类账；

5. 按照对账的要求，定期将总分类账与日记账、明细分类账相核对；

6. 期末，根据总分类账和明细分类账的有关资料，编制会计报表。

上述记账凭证账务处理程序的工作步骤，如图 8－2 所示。

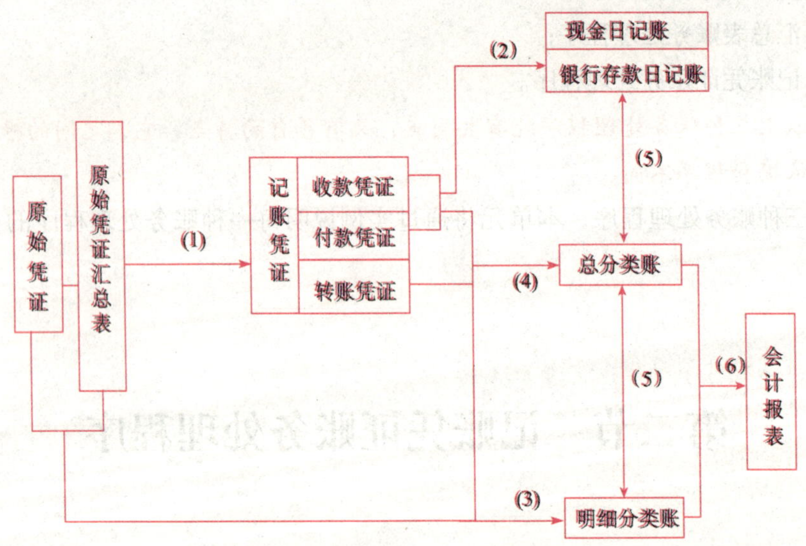

图 8－2　记账凭证账务处理程序

二、应用举例

现举例说明记账凭证账务处理程序。

1. 大宇公司 3 月份总分类账户期初余额表如表 8－1 所示。

表8-1 总分类账户期初余额表

账户名称	借 方	贷 方
库存现金	1 200	
银行存款	150 000	
其他应收款	3 000	
原材料	89 800	
库存商品	48 000	
固定资产	715 000	
累计折旧		255 000
应付账款		11 700
短期借款		260 000
应交税费		5 300
实收资本		400 000
资本公积		15 000
盈余公积		50 000
利润分配		10 000
合 计	1 007 000	1 007 000

2. 该公司3月份发生如下交易、事项：

1日，收到某投资方投入资本120 000元存入银行。

2日，从星光工厂购入A材料2 000千克，买价15 400元，增值税2 618元，运杂费600元，款项用银行存款支付，材料已验收入库。

2日，生产甲产品领用A材料5 000千克，单价8元，B材料2 000千克，单价5元。

4日，采购员小王出差回来，报销差旅费200元，退回余款100元（原借款300元）。

5日，从银行提取现金80 000元，准备发放工资。

5日，用现金发放工资80 000元。

9日，用银行存款归还短期借款50 000元。

10日，用银行存款缴纳城市维护建设税2 540元，教育费附加918元。

13日，销售给新民工厂甲产品200件，单位售价300元，增值税计10 200元，款项已收存银行。

12日，用银行存款归还前欠宏达工厂购料款11 700元。

15日，用银行存款支付产品广告费1 000元。

18日，用现金支付办公用品费700元，其中生产车间200元，管理部门500元。

20日，生产甲产品领用A材料2 000千克，单价8元；车间领用B材料50千克，单价5元；管理部门领用C材料100千克，单价2元。

25日，用银行存款支付本月水电费30 000元，其中生产车间28 000元，管理部门2 000元。

27日，销售给星光工厂甲产品600件，单位售价300元，增值税计30 600元，款项已收存银行。

31日，结转本月应付职工工资80 000元，其中生产甲产品工人工资50 000元，车间管理人员工资10 000元，企业管理人员工资20 000元。

31日，按上级规定提取职工福利费11 200元，其中生产甲产品工人7 000元，车间管理人员1 400元，企业管理人员2 800元。

31日，计提本月固定资产折旧33 200元，其中生产车间25 000元，管理部门8 200元。

31日，本月应付的短期借款利息1 000元。

31日，结转本月制造费用64 850元。

31日，本月生产的甲产品750件全部完工，结转生产成本187 850元。

31日，结转本月销售800件甲产品的成本191 840元。

31日，本月销售甲产品计算应缴纳的城市维护建设税4 700元，教育费附加1 320元。

31日，结转本月主营业务收入240 000元。

31日，将本月主营业务成本191 840元，营业税金及附加6 020元，销售费用1 000元，管理费用33 900元，财务费用1 000元结转“本年利润”账户。

3. 会计核算。

第一步，根据以上交易、事项填制记账凭证，如表8－2至表8－6所示。

表8－2 **收 款 凭 证**

借方科目：库存现金 单位：元

××年		凭证号数	摘 要	贷方科目	明细科目	金 额
月	日					
3	4	现收1	报销退余款	其他应收款	小王	100

表8－3 **收 款 凭 证**

借方科目：银行存款 单位：元

××年		凭证号数	摘 要	贷方科目	明细科目	金 额
月	日					
3	1	银收1	某投资方投入资本	实收资本	国家资本	120 000
3	13	银收2	甲产品销售收入	主营业务收入 应交税费	甲产品 应交增值税	60 000 10 200
3	27	银收3	甲产品销售收入	主营业务收入 应交税费	甲产品 应交增值税	180 000 30 600

表8－4 **付 款 凭 证**

贷方科目：库存现金 单位：元

××年		凭证号数	摘 要	借方科目	明细科目	金 额
月	日					
3	5	现付1	发放工资	应付职工薪酬		80 000
3	18	现付2	支付办公费	制造费用 管理费用		200 500

表8－5 **付 款 凭 证**

贷方科目：银行存款 单位：元

××年		凭证号数	摘 要	借方科目	明细科目	金 额
月	日					
3	2	银付1	支付购料款	在途物资 应交税费	A材料 应交增值税	16 000 2 618
3	5	银付2	提取现金	库存现金		80 000
3	9	银付3	归还短期借款	短期借款		50 000
3	10	银付4	上交税金及教育费附加	应交税费	应交城建税 应交教育费附加	2 540 918
3	12	银付5	归还前欠购料款	应付账款	宏达工厂	11 700
3	15	银付6	支付产品广告费	销售费用		1 000
3	25	银付7	支付水电费	制造费用 管理费用		28 000 2 000

表8-6 转 账 凭 证 单位：元

××年		凭证号数	摘 要	一级科目	明细科目	借方金额	贷方金额
月	日						
3	2	转1	购买材料入库	原材料	A材料	16 000	
				在途物资	A材料		16 000
3	2	转2	生产领料	生产成本	甲产品	50 000	
				原材料	A材料		40 000
				原材料	B材料		10 000
3	4	转3	报销差旅费	管理费用	小王	200	
				其他应收款			200
3	20	转4	生产领用材料	生产成本	甲产品	16 000	
				制造费用		250	
				管理费用		200	
				原材料	A材料		16 000
				原材料	B材料		250
				原材料	C材料		200
3	31	转5	分配工资费用	生产成本	甲产品	50 000	
				制造费用		10 000	
				管理费用		20 000	
				应付职工薪酬			80 000
3	31	转6	提取福利费	生产成本	甲产品	7 000	
				制造费用		1 400	
				管理费用		2 800	
				应付职工薪酬			11 200
3	31	转7	计提折旧费	制造费用		25 000	
				管理费用		8 200	
				累计折旧			33 200
3	31	转8	应付借款利息	财务费用		1 000	
				应付利息			1 000
3	31	转9	结转制造费用	生产成本	甲产品	64 850	
				制造费用			64 850
3	31	转10	结转产品成本	库存商品	甲产品	187 850	
				生产成本	甲产品		187 850
3	31	转11	结转销售成本	主营业务成本	甲产品	191 840	
				库存商品	甲产品		191 840
3	31	转12	计算应交	营业税金及附加		6 020	
			税金及附加	应交税费	应交城建税		4 700
					应交教育费附加		1 320

续表

××年		凭证号数	摘　要	一级科目	明细科目	借方金额	贷方金额
月	日						
3	31	转13	结转损益类收入	主营业务收入	甲产品	240 000	
			账户余额	本年利润			240 000
3	31	转14	结转损益类成本	本年利润		233 760	
			费用账户余额	主营业务成本	甲产品		191 840
				营业税金及附加			6 020
				销售费用			1 000
				管理费用			33 900
				财务费用			1 000

第二步，根据收款凭证和付款凭证，登记现金日记账和银行存款日记账如表8－7、表8－8所示。

表8－7　　现金日记账

××年		凭证号数	摘　要	对方科目	借 方	贷 方	借或贷	余 额
月	日							
3	1		期初余额				借	1 200
3	4	现收1	报销退余款	其他应收款	100		借	1 300
3	5	银付1	提取现金	银行存款	80 000		借	81 300
3	5	现付1	发放工资	应付职工薪酬		80 000	借	1 300
3	18	现付2	支付办公费	管理费用等		700	借	600
			本月合计		80 100	80 700	借	600

表8－8　　银行存款日记账

××年		凭证号数	摘　要	对方科目	借 方	贷 方	借或贷	余 额
月	日							
3	1		期初余额				借	150 000
3	1	银收1	企业投资	实收资本	120 000		借	270 000
3	2	银付1	支付购料款	在途物资等		18 618	借	251 382
3	5	银付2	提取现金	库存现金		80 000	借	171 382
3	9	银付3	归还借款	短期借款		50 000	借	121 382
3	10	银付4	支付上月税费款	应交税费等		3 458	借	117 924
3	12	银付5	偿还购料款	应付账款		11 700	借	106 224
3	13	银收2	销售收入	主营业务收入等	70 200		借	176 424
3	15	银付6	支付广告费	销售费用		1 000	借	175 424
3	25	银付7	支付水电费	制造费用等		30 000	借	145 424
3	27	银收3	销售收入	主营业务收入等	210 600		借	356 024
			本月合计		400 800	194 776	借	356 024

第三步，根据原始凭证和记账凭证登记明细分类账（只登记原材料、应付账款明细分类账，其他从略），如表8－9至表8－12所示。

表8－9　　原材料明细分类账

类别：A材料　　品名　　规格（略）　　计量单位：千克

××年		凭证号数	摘要	收入			发出			结存		
月	日			数量	单价	金额	数量	单价	金额	数量	单价	金额
3	1		期初结存							8 000	8	64 000
3	2	转1	购入	2 000	8	16 000				10 000	8	80 000
3	2	转2	生产领用				5 000	8	40 000	5 000	8	40 000
3	20	转4	生产领用				2 000	8	16 000	3 000	8	24 000
			本月合计	2 000	8	16 000	7 000	8	56 000	3 000	8	24 000

表8－10　　原材料明细分类账

类别：B材料　　品名　　规格（略）　　计量单位：千克

××年		凭证号数	摘要	收入			发出			结存		
月	日			数量	单价	金额	数量	单价	金额	数量	单价	金额
3	1		期初结存							5 000	5	25 000
3	2	转2	生产领用				2 000	5	10 000	3 000	5	15 000
3	20	转4	生产领用				50	5	250	2 950	5	14 750
			本月合计				2 050	4	10 250	2 950	5	14 750

表8－11　　原材料明细分类账

类别：C材料　　品名　　规格（略）　　计量单位：千克

××年		凭证号数	摘要	收入			发出			结存		
月	日			数量	单价	金额	数量	单价	金额	数量	单价	金额
3	1		期初结存							400	2	800
3	20	转4	管理部门领用				100	2	200	300	2	600
			本月合计				100	2	200	300	2	600

表8－12　　应付账款明细账

明细科目：宏达工厂

××年		凭证号数	摘要	借方	贷方	借或贷	余额
月	日						
3	1		期初余额			贷	11 700
3	12	银付5	偿还购料款	11 700		平	0
			本月合计	11 700		平	0

第四步，根据记账凭证登记总分类账，如表8-13至表8-38所示。

表8-13 库存现金（总账） 单位：元

××年		凭证号数	摘要	借方	贷方	借或贷	余额
月	日						
3	1		期初余额			借	1 200
3	4	现收1	小王退余款	100		借	1 300
3	5	银付1	提取现金	80 000		借	81 300
3	5	现付1	发放工资		80 000	借	1 300
3	18	现付2	支付办公费		700	借	600
			本月合计	80 100	80 700	借	600

表8-14 银行存款（总账）

××年		凭证号数	摘要	借方	贷方	借或贷	余额
月	日						
3	1		期初余额			借	150 000
3	1	银收1	企业投资	120 000		借	270 000
3	5	银付1	支付购料款		18 618	借	251 382
3	8	银付2	提取现金		80 000	借	171 382
3	9	银付3	归还借款		50 000	借	121 382
3	10	银付4	支付上月税费款		3 458	借	117 924
3	12	银付5	偿还购料款		11 700	借	106 224
3	13	银收2	销售收入	70 200		借	176 424
3	15	银付6	支付广告费		1 000	借	175 424
3	25	银付7	支付水电费		30 000	借	145 424
3	27	银收3	销售收入	210 600		借	356 024
			本月合计	400 800	194 776	借	356 024

表8-15 在途物资（总账）

××年		凭证号数	摘要	借方	贷方	借或贷	余额
月	日						
3	2	银付1	购买材料	16 000		借	16 000
3	2	转1	材料验收入库		16 000	平	0
			本月合计	16 000	16 000	平	0

表8-16 原材料（总账）

××年		凭证号数	摘要	借方	贷方	借或贷	余额
月	日						
3	1		期初余额			借	89 800
3	2	转1	材料入库	16 000		借	105 800
3	8	转2	生产领料		50 000	借	55 800
3	20	转4	生产领料		16 450	借	39 350
			本月合计	16 000	66 450	借	39 350

表8－17　　库存商品（总账）

××年		凭证号数	摘要	借方	贷方	借或贷	余额
月	日						
3	1		期初余额			借	48 000
3	31	转10	完工入库	187 850		借	235 850
3	31	转11	销售转出		191 840	借	44 010
			本月合计	187 850	191 840	借	44 010

表8－18　　其他应收款（总账）

××年		凭证号数	摘要	借方	贷方	借或贷	余额
月	日						
3	1		期初余额			借	3 000
3	4	转2	报销差旅费		200	借	2 800
3	4	现收1	小王退余款		100	借	2 700
			本月合计		300	借	2 700

表8－19　　生产成本（总账）

××年		凭证号数	摘要	借方	贷方	借或贷	余额
月	日						
3	2	转2	生产领料	50 000		借	50 000
3	20	转4	生产领料	16 000		借	66 000
3	31	转5	分配工资费	50 000		借	116 000
3	31	转6	提取福利费	7 000		借	123 000
3	31	转9	转入制造费用	64 850		借	187 850
3	31	转1	结转产品成本		187 850	平	0
			本月合计	187 850	187 850	平	0

表8－20　　制造费用（总账）

××年		凭证号数	摘要	借方	贷方	借或贷	余额
月	日						
3	18	现付2	支付办公费	200		借	200
3	20	转4	车间领料	250		借	450
3	25	银付7	支付水电费	28 000		借	28 450
3	31	转5	分配工资费	10 000		借	38 450
3	31	转6	提取福利费	1 400		借	39 850
3	31	转7	计提折旧	25 000		借	64 850
3	31	转9	转出制造费用		64 850	平	0
			本月合计	64 850	64 850	平	0

表 8－21　　固 定 资 产（总账）

××年		凭证号数	摘　要	借　方	贷　方	借或贷	余　额
月	日						
3	1		期初余额			借	715 000
			本月合计			借	715 000

表 8－22　　累 计 折 旧（总账）

××年		凭证号数	摘　要	借　方	贷　方	借或贷	余　额
月	日						
3	1		期初余额			贷	255 000
3	31	转 7	计提折旧		33 200	贷	288 200
			本月合计		33 200	贷	288 200

表 8－23　　应 付 账 款（总账）

××年		凭证号数	摘　要	借　方	贷　方	借或贷	余　额
月	日						
3	1		期初余额			贷	11 700
3	12	银付 5	偿还欠款	11 700		平	0
3			本月合计	11 700		平	0

表 8－24　　应付职工薪酬（总账）

××年		凭证号数	摘　要	借　方	贷　方	借或贷	余　额
月	日						
3	5	现付 1	发放工资	80 000		借	80 000
3	31	转 5	分配工资费用		80 000	平	0
3	31	转 6	计提福利费		11 200	贷	11 200
			本月合计	80 000	91 200	贷	11 200

表 8－25　　短 期 借 款（总账）

××年		凭证号数	摘　要	借　方	贷　方	借或贷	余　额
月	日						
3	1		期初余额			贷	260 000
3	9	银付 3	归还借款	50 000		贷	210 000
			本月合计	50 000		贷	210 000

表 8－26　　应 付 利 息（总账）

××年		凭证号数	摘　要	借　方	贷　方	借或贷	余　额
月	日						
3	31	转 8	应付借款利息		1 000	贷	1 000
			本月合计		1 000	贷	1 000

表 8－27　　应交税费（总账）

××年		凭证号数	摘　要	借　方	贷　方	借或贷	余　额
月	日						
3	1		期初余额			贷	5 300
3	2	银付 1	支付进项税额	2 618		借	2 682
3	10	银付 4	上交上月城建税、教育费附加	3 458		借	－776
3	13	银收 2	收取销项税额		10 200	贷	9 424
3	27	银收 3	收取销项税额		30 600	贷	40 024
3	31	转 12	计算本月应交城建税、教育费附加		6 020	贷	46 044
			本月合计	6 076	41 820	贷	46 044

表 8－28　　实收资本（总账）

××年		凭证号数	摘　要	借　方	贷　方	借或贷	余　额
月	日						
3	1		期初余额			贷	400 000
3	1	银收 1	某投资方投入资本		120 000	贷	520 000
			本月合计		120 000	贷	520 000

表 8－29　　资本公积（总账）

××年		凭证号数	摘　要	借　方	贷　方	借或贷	余　额
月	日						
3	1		期初余额			贷	15 000
			本月合计			贷	15 000

表 8－30　　盈余公积（总账）

××年		凭证号数	摘　要	借　方	贷　方	借或贷	余　额
月	日						
3	1		期初余额			贷	50 000
			本月合计			贷	50 000

表 8－31　　利润分配（总账）

××年		凭证号数	摘　要	借　方	贷　方	借或贷	余　额
月	日						
3	1		期初余额			贷	10 000
			本月合计			贷	10 000

表 8－32

本年利润（总账）

××年		凭证号数	摘要	借方	贷方	借或贷	余额
月	日						
3	31	转 13	结转本月收入		240 000	贷	240 000
3	31	转 14	结转本月费用	233 760		贷	6 240
			本月合计	233 760	240 000	贷	6 240

表 8－33

主营业务收入（总账）

××年		凭证号数	摘要	借方	贷方	借或贷	余额
月	日						
3	13	银收 2	甲产品销售收入		60 000	贷	60 000
3	27	银收 3	甲产品销售收入		180 000	贷	240 000
3	31	转 13	月末转出	240 000		平	0
			本月合计	240 000	240 000	贷	0

表 8－34

主营业务成本（总账）

××年		凭证号数	摘要	借方	贷方	借或贷	余额
月	日						
3	31	转 11	结转销售成本	191 840		借	191 840
3	31	转 14	月末转出		191 840	平	0
			本月合计	191 840	191 840	平	0

表 8－35

营业税金及附加（总账）

××年		凭证号数	摘要	借方	贷方	借或贷	余额
月	日						
3	31	转 12	结转营业税金及附加	6 020		借	6 020
3	31	转 14	月末转出		6 020	平	0
			本月合计	6 020	6 020	平	0

表 8－36

管理费用（总账）

××年		凭证号数	摘要	借方	贷方	借或贷	余额
月	日						
3	4	转 3	报销差旅费	200		借	200
3	18	现付 2	支付办公费	500		借	700
3	20	转 4	领用材料	200		借	900
3	25	银付 7	支付水电费	2 000		借	2 900
3	31	转 5	分配工资费	20 000		借	22 900
3	31	转 6	计提福利费	2 800		借	25 700
3	31	转 7	计提折旧	8 200		借	33 900
3	31	转 14	月末转出		33 900	平	0
			本月合计	33 900	33 900	平	0

表 8－37　　销售费用（总账）

××年		凭证号数	摘　要	借　方	贷　方	借或贷	余　额
月	日						
3	15	银付 6	支付广告费	1 000		借	1 000
3	31	转 14	月末转出		1 000	平	0
			本月合计	1 000	1 000	平	0

表 8－38　　财务费用（总账）

××年		凭证号数	摘　要	借　方	贷　方	借或贷	余　额
月	日						
3	31	转 6	预提借款利息	1 000		借	1 000
3	31	转 14	月末转出		1 000	平	0
			本月合计	1 000	1 000	平	0

第五步，根据原材料明细分类账编制“原材料明细分类账户本期发生额及余额对照表”，如表 8－39 所示；根据总分类账编制“总分类账户发生额及余额对照表”如表 8－40 所示；运用总分类账和明细分类账平行登记原理，进行月末对账。

表 8－39　　原材料明细分类账户本期发生额和余额对照表

明细账户	计量单位	单价	期初余额		本期发生额				期末余额	
					收　入		发　出			
			数量	金额	数量	金额	数量	金额	数量	金额
A 材料	千克	8	8 000	64 000	2 000	16 000	7 000	56 000	3 000	24 000
B 材料	千克	5	5 000	25 000			2 050	10 250	2 950	14 750
C 材料	千克	2	400	800			100	200	300	600
合　计			13 400	89 800	2 000	16 000	9 150	66 450	6 250	39 350

表 8－40　　总分类账户发生额及余额对照表

账户名称	期初余额		本期发生额		期末余额	
	借　方	贷　方	借　方	贷　方	借　方	贷　方
库存现金	1 200		80 100	80 700	600	
银行存款	150 000		400 800	194 776	356 024	
其他应收款	3 000			300	2 700	
在途物资			16 000	16 000		
原材料	89 800		16 000	66 450	39 350	
生产成本			187 850	187 850		
制造费用			64 850	64 850		
库存商品	48 000		187 850	191 840	44 010	

续表

账户名称	期初余额		本期发生额		期末余额	
	借　方	贷　方	借　方	贷　方	借　方	贷　方
固定资产	715 000				715 000	
累计折旧		255 000		33 200		288 200
应付利息				1 000		1 000
应付账款		11 700	11 700			
应付职工薪酬			80 000	91 200		11 200
短期借款		260 000	50 000			210 000
应交税费		5 300	6 076	46 820		46 044
实收资本		400 000		120 000		520 000
资本公积		15 000				15 000
盈余公积		50 000				50 000
主营业务收入			240 000	240 000		
主营业务成本			191 840	191 840		
营业税金及附加			6 020	6 020		
管理费用			33 900	33 900		
销售费用			1 000	1 000		
财务费用			1 000	1 000		
利润分配		10 000				10 000
本年利润			233 760	240 000		6 240
合　计	100 700	100 700	1 808 746	1 808 746	1 157 684	1 157 684

第六步，根据总分类账和明细分类账的有关资料编制会计报表（资产负债表和利润表编制方法详见第 7 单元）。

第三节　科目汇总表账务处理程序

一、科目汇总表账务处理程序

（一）核算要求

科目汇总表账务处理程序，是根据审核无误的记账凭证定期汇总编制科目汇总表，然后

根据科目汇总表登记总分类账的一种账务处理程序。它的主要特点是：首先根据记账凭证定期编制科目汇总表，然后根据科目汇总表登记总分类账。

科目汇总表是根据一定时期内的全部记账凭证按总账科目进行汇总，据以计算出每一总账科目的本期借方发生额和贷方发生额，作为登记总分类账依据的凭证。

科目汇总表的编制方法是将一定时期内的全部收、付、转记账凭证汇总在一张科目汇总表上，据以登记总分类账。汇总的时间应根据业务量大小确定，一般可以5天、10天或15天汇总一次。

提示：

科目汇总表账务处理程序的优缺点和适用范围：

1. 优点：依据科目汇总表登记总账，大大简化了登记总分类账的工作量；科目汇总表本身能对所编制的记账凭证起到试算平衡作用，便于保证总分类账记录的正确性。

2. 缺点：由于科目汇总表反映的是各科目一定时期的借、贷方发生额的汇总数，根据其登记的总账，便不能反映各账户之间的对应关系，不便于分析交易、事项的来龙去脉。如果记账凭证较多，编制科目汇总表本身也是一项很繁杂的工作。

3. 适用范围：适用于经营规模较大，交易、事项较多的单位。

（二）具体工作步骤

1. 根据原始凭证或原始凭证汇总表填制收款凭证、付款凭证和转账凭证；

2. 根据审核无误的收款凭证、付款凭证及所附原始凭证，逐笔序时登记现金日记账和银行存款日记账；

3. 根据审核无误的记账凭证和原始凭证或原始凭证汇总表，逐笔登记明细分类账；

4. 根据审核无误的记账凭证定期编制科目汇总表；

5. 根据科目汇总表登记总分类账；

6. 按照对账的具体要求，定期将总分类账与日记账、明细分类账相核对；

7. 期末，根据总分类账和明细分类账的有关资料，编制会计报表。

上述科目汇总表账务处理程序的工作步骤，如图8-3所示。

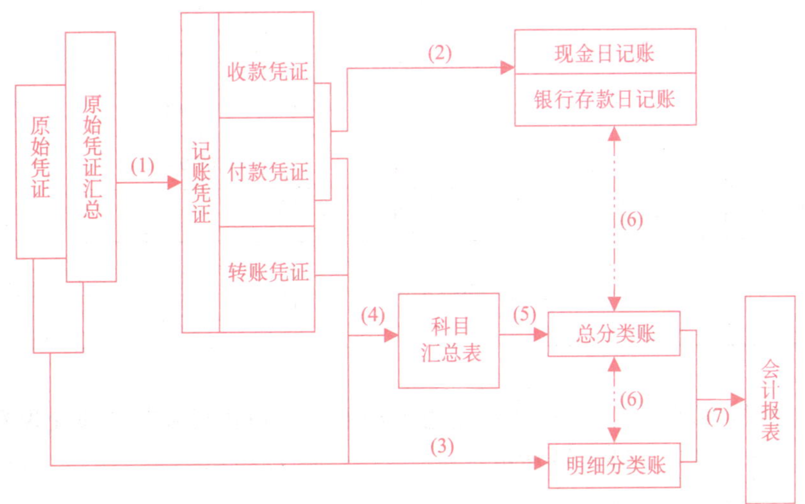

图8-3　科目汇总表账务处理程序

二、应用举例

现仍以第二节大宇公司3月份发生的经济业务，说明科目汇总表的编制和总账的登记。

第一步，根据大宇公司3月份经济业务填制记账凭证，内容同本单元第二节记账凭证账务处理程序。

第二步，根据收款凭证和付款凭证，登记现金日记账和银行存款日记账，内容同本章第二节记账凭证账务处理程序。

第三步，根据原始凭证和记账凭证登记明细分类账（只登记原材料、应付账款明细分类账，其他从略），内容同本章第二节记账凭证账务处理程序。

第四步，将一定时期内的全部收、付、转记账凭证（15天）编制科目汇总表。如表8-41、表8-42所示。

表8-41

科 目 汇 总 表

××年3月1日至15日

汇字第1号

会计科目	总账页数	借方发生额	贷方发生额	记账凭证起讫号数
库存现金	略	80 100	80 000	略
银行存款		190 200	164 776	
其他应收款			300	
在途物资		16 000	16 000	
原材料		16 000	50 000	
生产成本		50 000		
应付账款		11 700		
应付职工薪酬		80 000		
短期借款		50 000		
应交税费		6 076	10 200	
实收资本			120 000	
主营业务收入			60 000	
管理费用		200		
销售费用		1 000		
合 计		501 276	501 276	

第五步，根据编制的科目汇总表登记总分类账（仅以银行存款和应交税费账户为例，其余从略）如表8-43、表8-44所示。

表8－42　　科目汇总表

××年3月16日至31日　　汇字第2号

会计科目	总账页数	借方发生额	贷方发生额	记账凭证起讫号数
库存现金	略		700	略
银行存款		210 600	30 000	
原材料			16 450	
生产成本		137 850	187 850	
制造费用		64 850	64 850	
库存商品		187 850	191 840	
累计折旧			33 200	
应付利息			1 000	
应付职工薪酬			91 200	
应交税费			36 620	
主营业务收入		240 000	180 000	
主营业务成本		191 840	191 840	
营业税金及附加		6 020	6 020	
管理费用		33 700	33 900	
销售费用			1 000	
财务费用		1 000	1 000	
本年利润		233 760	240 000	
合　计		1 307 470	1 307 470	

表8－43　　银行存款（总账）

××年		凭证号数	摘　要	借　方	贷　方	借或贷	余　额
月	日						
3	1		期初结存			借	150 000
3	15	汇1	1—15日汇总过入	190 200	164 776	借	175 424
3	31	汇2	16—31日汇总过入	210 600	30 000	借	356 024
			本月合计	400 800	194 776	借	356 024

表8－44　　应交税费（总账）

××年		凭证号数	摘　要	借　方	贷　方	借或贷	余　额
月	日						
3	1		期初结存			贷	5 300
3	15	汇1	1—15日汇总过入	6 076	10 200	贷	9 424
3	31	汇2	16—31日汇总过入		36 620	贷	46 044
			本月合计	6 076	46 820	贷	46 044

第六步，根据原材料明细分类账编制“原材料明细分类账户本期发生额及余额表”；根据总分类账编制“总分类账户期末余额表”，进行月末对账。内容同本章第二节记账凭证账务处理程序。

第七步，根据总分类账和明细分类账的有关资料编制会计报表。

想一想：

企业采用科目汇总表账务处理程序，账簿记录能反映会计科目之间的对应关系吗？

第四节　汇总记账凭证账务处理程序

一、汇总记账凭证账务处理程序

（一）核算要求

汇总记账凭证账务处理程序，是根据审核无误的记账凭证定期编制汇总记账凭证，然后根据汇总记账凭证登记总分类账的一种账务处理程序。它的主要特点是：首先根据记账凭证定期编制汇总记账凭证，然后根据汇总记账凭证登记总分类账。

汇总记账凭证是将记账凭证按账户的对应关系，定期编制汇总收款凭证、汇总付款凭证、汇总转账凭证，一般每月至少汇总三次。

提示：

汇总记账凭证账务处理程序的优缺点、适用范围：

1. 优点：根据汇总记账凭证登记总账，减轻了登记总账的工作量，同时，汇总记账凭证是按照账户的对应关系编制的，明确的反映出了交易、事项的来龙去脉，便于查账。

2. 缺点：编制工作较为复杂。

3. 适用范围：适用于经营规模较大，交易、事项较多的单位。

（二）具体工作步骤

1. 根据原始凭证或原始凭证汇总表填制收款凭证、付款凭证和转账凭证；

2. 根据审核无误的收款凭证、付款凭证及所附原始凭证，逐笔序时登记现金日记账和银行存款日记账；

3. 根据审核无误的记账凭证和原始凭证或原始凭证汇总表，逐笔登记明细分类账；

4. 根据审核无误的记账凭证定期编制汇总记账凭证（汇总收款凭证、汇总付款凭证、汇总转账凭证）；

5. 根据汇总记账凭证登记总分类账；

6. 按照对账的具体要求，定期将总分类账与日记账、明细分类账相核对；

7. 期末，根据总分类账和明细分类账的有关资料，编制会计报表。

上述汇总记账凭证账务处理程序的工作步骤，如图 8－4 所示。

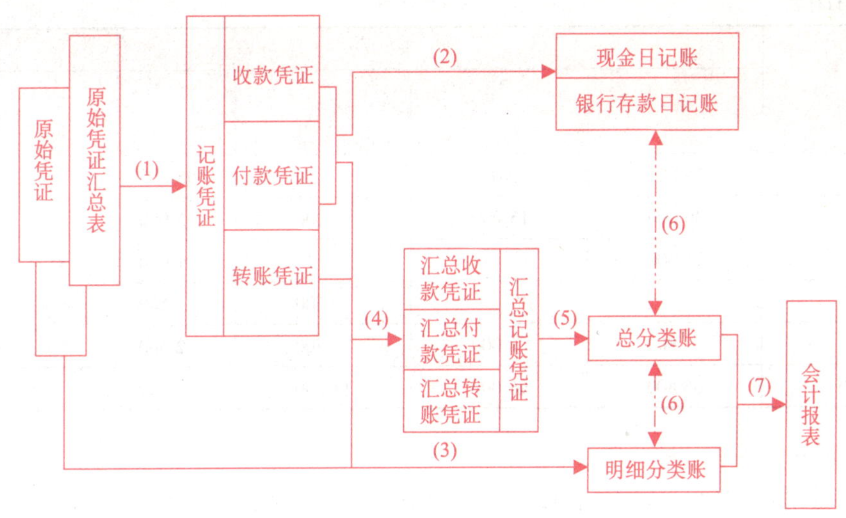

图 8－4　汇总记账凭证账务处理程序

二、汇总记账凭证的编制

（一）汇总收款凭证的编制

汇总收款凭证，按“现金”、“银行存款”账户的借方设置，定期根据收款凭证贷方科目归类、汇总、月终结出合计数，据以登记总账。如表 8－45 所示。

表 8－45　　汇 总 收 款 凭 证

借方科目：库存现金　　××年 5 月　　第 1 号

贷方科目	金额				总账页数	
	1 日至 10 日 凭证第 1～30 号	11 日至 20 日 凭证第 31～70 号	21 日至 31 日 凭证第 71～119 号	合　计	借　方	贷　方
其他应收款	900			900	略	略
主营业务收入	7 000	3 000		10 000		
其他业务收入		600	300	900		
管理费用			200	200		
财务费用			400	400		
合　　计	7 900	3 600	900	12 400		

（二）汇总付款凭证的编制

汇总付款凭证，按“现金”、“银行存款”账户的贷方设置，定期根据付款凭证借方科目归类汇总，月终结出合计数，据以登记总账。如表 8－46 所示。

表8－46 汇总付款凭证

贷方科目：银行存款 ××年5月 第4号

借方科目	金额				总账页数	
	1日至10日 凭证第1～30号	11日至20日 凭证第31～70号	21日至31日 凭证第71～119号	合计	借方	贷方
应付账款	15 000	80 000		95 000	略	略
原材料	30 000	15 000	10 000	55 000		
固定资产	21 000			21 000		
应付利息			500	500		
管理费用	800	1 000	700	2 500		
合计	66 800	96 000	11 200	174 000		

（三）汇总转账凭证的编制

汇总转账凭证按每一贷方科目设置，并根据转账凭证的借方归类，定期汇总，月终结出合计数据以登记总账。如果发现多借多贷或一借多贷的会计分录，应分解为一借一贷的会计分录，再予以汇总记账。如表8－47所示。

表8－47 汇总转账凭证

贷方科目：原材料 ××年5月 第15号

借方科目	金额				总账页数	
	1日至10日 凭证第1～30号	11日至20日 凭证第31～70号	21日至31日 凭证第71～119号	合计	借方	贷方
生产成本	6 000	11 000	6 000	23 000	略	略
制造费用			3 000	3 000		
管理费用		1 200	4 000	5 200		
合计	6 000	12 200	13 000	31 200		

知识检测

一、单项选择题

1. 科目汇总表账务处理程序与汇总记账凭证账务处理程序的共同优点是（　　）。

A. 保持科目之间的对应关系　B. 简化总分类账登记工作

C. 进行发生额试算平衡　D. 总括反映同类经济业务

2. 科目汇总表账务处理程序适用于（　　）。

A. 规模较小，业务较少的单位　B. 规模较小，业务较多的单位

C. 规模较大，业务较多的单位　D. 规模较大，业务较少的单位

3. 汇总记账凭证账务处理程序的主要缺点是(　　)。
   A. 编制汇总记账凭证工作量大　　B. 不能反映经济业务
   C. 不能保持科目之间的对应关系　　D. 能节省会计工作时间
4. 各种会计账务处理程序的主要区别是(　　)。
   A. 汇总的记账凭证不同　　B. 登记总账的依据不同
   C. 汇总的凭证格式不同　　D. 节省工作时间不同
5. 记账凭证账务处理程序适用于(　　)的单位。
   A. 规模较小，业务较少　　B. 规模较大，业务较多
   C. 规模较大，业务较少　　D. 会计科目不多
6. (　　)账务处理程序适用于规模较大、业务量较多的单位。
   A. 汇总记账凭证　　B. 记账凭证
   C. 日记总账　　D. 多栏式日记账

二、多项选择题

1. 记账凭证账务处理程序的缺点有(　　)。
   A. 登记总账工作量大　　B. 不易反映账户对应关系
   C. 不便于分工　　D. 不适用业务简单单位
   E. 不便于试算平衡
4. 汇总记账凭证账务处理程序的优点有(　　)。
   A. 反映内容详细　　B. 简化总账登记
   C. 手续简便　　D. 便于试算平衡
   E. 能反映账户对应关系
5. 科目汇总表账务处理程序的优点有(　　)。
   A. 反映内容详细　　B. 简化总账登记
   C. 手续简便　　D. 便于试算平衡
   E. 能反映账户对应关系
6. 记账凭证账务处理程序的优点有(　　)。
   A. 手续简便　　B. 效率较高
   C. 能反映账户对应关系　　D. 适用业务过繁单位
   E. 总账反映内容详细
7. 会计账务处理程序包括(　　)。
   A. 记账凭证账务处理程序　　B. 账户账簿
   C. 汇总记账凭证账务处理程序　　D. 试算平衡表
   E. 科目汇总表账务处理程序

参考文献

1. 财政部：《小企业会计准则》，经济科学出版社2011年版。

2. 财政部：《企业会计准则——基本准则》，经济科学出版社2006年版。

3. 财政部：《小企业会计准则实务操作指南》，人民出版社2013年版。

4. 财政部：《初级会计专业技术资格考试大纲》，2014年版。

5. 财政部：《会计从业资格考试大纲》，2014年版。

6. 张玉森、陈伟清：《基础会计》（第四版），高等教育出版社2011年版。

7. 财政部会计资格评价中心：《初级会计实务》《中级会计实务》，中国财政经济出版社2014年版。

8. 财政部：《会计基础工作规范》。